小心者こそ儲かる
7日間株トレード入門

膽小投資人必看

7天 學會常勝交易

Shigeto Nikaido

二階堂重人

——著

目錄／contents

第1天　股票買賣存在著好賺的時機點嗎？

第**6**天 藉由停損控管風險

第7天 股票交易如何趨吉避兇

@本書是作者根據自己的買賣經驗解說投資技巧，無法擔保讀者的個人投資的成果。

順勢、位階、停損，重要的觀念提醒

散戶救星 **帥老師**

　　今周刊邀約寫推薦文時，會一口答應的原因是作者二階堂重人先生的許多觀念與見解，和我非常相似，這是一本老手與新手都應該閱讀的書，散戶會虧錢，尤其是老手，總是錯在「觀念」。

　　我常說「操作要簡單，想法要單純，新聞要多看，趨勢要了解」。在《膽小投資人必看，7天學會常勝交易》書中指出：獲利的關鍵在順勢操作與建立簡單明瞭的買賣點，一般投資人總是逆勢操作，明明走多跑去放空，且進出頻繁，往往憑感覺操作。作者把買賣點歸納得很清楚，讀者看完後也應該思考自己的買賣點為何，然後定法操作。

　　股票投資必須掌握我常提及的「價，量，角度，均線與位階」，我非常佩服作者簡單易懂的表達均線與位階在操作與選股的重點，投資人有時買點明明正確，但卻被大盤修理，問題在於忘記考慮位階，所以我說看是買點但非買點，很難得有書能包含操作與選股，在操作短線與波段的方式也有所不同。

作者二階堂重人先生所寫皆有所本，且無私地跟大家分享其經驗，「停損」是投資人必學，且老師教不來的一門功課，只有靠自己不斷提醒，停損有多重要，文中有提及如何停損及控制風險。

此外，到底要如何判斷新聞背後的意義呢？文中就有一章節特別描述什麼是出貨文，很值得了解，一本書把所有股市中操作獲利所需的觀念與知識表達得非常清楚，作者化繁為簡引領大家進入成功的殿堂，非常值得推薦！

建議大家讀完後，好好取其精髓，融入自己的觀念與操作，順勢而為，必有收穫！

操作鐵律以及停損心態，
才是長久生存的股市之道

仲英財富分析師　**陳唯泰**

　　看過這麼多股票投資的書，這算是第一本把「操作方法」寫得這麼清楚的書。很多投資朋友都想要跟我學「操作」，我都會建議他們先建立自己的「操作鐵律」。而本書作者提出的「操作方法」，其實也就是我常常在課堂上說的：「操作鐵律」，也就是我們必須依照這個鐵律「進場或出場」的準則。然而，大多數的同學，並沒有深刻體會「擬定自己的操作鐵律」是如此重要，但本書把這件事闡述地相當明白。

　　我相信本書《膽小投資人必看，7天學會常勝交易》的作者，在寫這本書時，就是以「交易」為主軸來規畫書中的章節，包括了如何在對的時機出手，才會有比較高的勝算，以及如何依照自己的風格，決定「操作方法」。在這些基本的概念有了之後，才開始介紹波段交易以及當沖交易的方法。這個跟我在教學時的理念是很一致的。

　　再者，對於實務操作的說明，利用深入淺出的 SOP 方法，從週 K

線、日K線的波段操作，再到5分鐘K線的短線當沖交易，買進價位的研判以及時間點，都做了清楚的說明，並且有範例題供讀者朋友練習，對於有心學習的投資人，相信一定可以靠此書提升操作功力。

最後，作者對於「停損」的方法，提出了他個人的見解，深得我心。因為除了作者提出四個必須停損的時機之外，投資人在執行停損後的心態應該如何，作者也相當忠實的分享，對於過去只懂得買進，不懂賣出的投資朋友而言，這幾招如果能夠學起來，不敢說受用不盡，但也一定是受益匪淺。

書中有幾個章節，是以作者操作的日本股市為例，跟台股不是完全符合，例如：上午盤以及下午盤的變化，這一部份投資朋友可以稍微忽略，除非未來台股也改為上下午盤制度。不過在股市與媒體報導這一塊，倒是我認為跟台股十分類似的地方，而這也是幫助我們研判行情過熱或是過度悲觀的重要指標。

總之，我認為這是一本好書，不論你是剛接觸股市的新手，還是在股票市場多年的老手，我相信這一本書，對您都會有所助益，或許就像作者的期許一樣，只要七天，就能夠學會常勝交易，從此成為股票市場裡的常勝軍！

投資自己、學好再進場

WINNER 印鈔機團隊 執行長 **郭勝**

　　在本書中，作者生活化地闡述交易的技術與心態，淺顯易懂，讓初學者去了解簡單的技法與心法。筆者認為膽小者更適合投資股票，因為股票是吃人的市場，若一知半解就進場，很快就被抬出場。所以必須要投資自己，學好再進場，進場前也要把風險先擺第一，尤其股票的位階，資金的縮放，更是決勝股市的重要因素之一。

　　常言道漲愈多漲愈久就是「最大的利空」，說明追高的風險就增加，股票行情好只要吃魚身就好，莫想吃整條魚，而被魚刺卡到喉嚨。交易前，務必要看清楚股票的位階與型態。

　　相信你當下看見的 K 線──「K 線才是王道」，當 K 線與型態轉弱了或變壞了，就要務必看見賣訊、執行賣出動作，股市只要能規避大賠，「贏多輸少」自然就是股市的贏家。

　　作者用順風、無風、逆風，講到做股票要清楚勢的重要性，借大盤之勢順勢而為，即為順風，猶如四兩撥千金，就能大印鈔票；無風

時就是大盤整理，個股表現更考驗選股功力，技術不佳者需減碼操作；逆風就是別逆勢操作，否則就容易把賺的吐回去之外，甚至會倒賠。所以股市中要很清楚當下所處的位階，了解當下往上與往下的機率與空間，做好環境風險控制的可行性評估，畢竟要在股市長青，「活得久」才是最重要的，不是嗎？

筆者在交易前會寫下「順序步驟圖」，這對初學者也非常重要，學習是從複製開始，印證與記錄真的異常重要，每一次交易前都要清楚知道「進場的理由」，同時也要擬定「出場的原因」。否則若不知為何進場與出場，猶如盲劍客揮劍殺敵，下場之慘可想而知，只會進而不會出，或者買進前還要問人家，在沒學好贏家 SOP 之前，請投資人「多看少做」

股市只留給有準備好的人！祝大家操作順利，平安富貴，熟讀此書，必有幫助。

前言

「因為怕賠錢，遲遲不敢開始買賣股票」「怕虧錢，一直不敢下手買股」

這樣的人似乎很多。相較之下算是比較沒膽子的人。大家可能會覺得，這樣的人不適於投資股票或買賣股票。但其實是相反的。股票投資或說股票交易，愈沒膽子的人，也就是愈膽小的人，就愈適合。

從小我就是個膽小鬼。有件事到現在我都還記得清清楚楚的，在幼稚園放學回家的路上，我和其他同學一起走，但走著走著大家開始一個個依序要跳過一個水窪。其他同學都很輕鬆就跳過去，只有我在水窪前猶豫老半天。因為那時我一直想到不好的後果，像是「會不會一個沒跳好，泥水噴到身上」或是「會不會滑倒而跌在地上」之類的。

在那之後，我也一直都是個膽小鬼。這樣的個性也反應在交易上。

曾經有一段期間，我很在意風險，一直不敢買股票。

於是我不斷研究股票投資與交易，一再地驗證，試圖以自己的方式找出「何種時機點下，風險會比較小」。由於我做了這樣的研究，後來才得以靠股票交易維生。我認為這樣的結果顯示出，我的膽小反

而發揮了正面的效果。

　　股票投資與交易，比較適合像我這種膽小鬼。因為膽小的人在進行股票交易時，會更慎重地去試圖找出箇中的風險，反過來如果是豪邁大膽的人，就不會想要慎重地釐清風險了，往往會在高風險的時機買進，導致在一次的買賣中就虧大錢。

　　本書要教給各位的是「如何看清風險」以及「在低風險狀況下的交易手法」。只需要一星期的短暫時間，就能逐步學會。課程固然有七天，當然你也可以一天就全部讀完。

　　等到讀完本書後，就去付諸實行吧。累積經驗、學會如何看清風險，把交易手法磨練得更精確，努力賺取更多的利潤。

　　要說到多少獲利算是多，我想總得要一億日圓才算吧。既然要股票交易，當然會希望能賺到這個金額。只要你是那種「在股票好賺時創造盈利，在股票易跌時就不出手」的膽小投資人，要賺到這個金額是極可能的。就請以獲利一億日圓為目標加油吧。

第1天

股票買賣存在著好賺的時機點嗎？

1

何時是進場交易的
最佳時機

「何時買股，才會賺？」

「現在是買股的時機點嗎？」

一直以來，無數次有人問我這樣的問題。

會問我這種問題的朋友，絕大多數是從未嘗試過股票投資與交易者，或者剛入門不久。也有雖然有過投資經驗，但是卻虧錢的人。

股票投資有好賺的時點嗎？

有沒有連新手，或沒投資過的人，也能賺到錢的時機呢？

有。我無法保證「一定會賺」，但在某些狀況或行情下，賺錢的機率比較高。

那是什麼樣的時機點呢？

• 當股市整體行情在上漲的時候

我可以斬釘截鐵地說，當股市整體行情向上，就可以進場。

新手或是沒投資過股票的人若要買賣股票，絕大多數都是從「買進」股票著手（也可以從賣出股票著手）。當然，若為買進，買股後只要股價上漲，就會產生利潤。

在股市整體行情上漲時，由於多數個股都漲，只要買進，很容易就能獲利。

這就像是順著風跑。由於風吹著背把身體往前帶，整個人會不斷順風往前進，跑完全程的時間會變快，創下超出原本實力的成績。

在股市整體行情上漲時，就像是把個股的股價由下往上推一樣，會一直漲，所以就會得到超出自己實力的成績（損益結果）。

這種狀況下，由於風險低，是股票投資與交易的絕佳時機。

但相對的，當股市整體行情下跌或變差時，由於多數個股的股價都在下跌，只要買進，就容易虧錢。

這就像是逆著風在跑。風阻擋了我們的身體，要往前進會非常辛苦，跑完全程的時間因此變慢，而得到比實力還差的成績。

當股市整體行情往下走時，就像是把個股的股價由上往下推一樣，會一直跌，所以會得到比實力還差的成績。

這種狀況下，由於風險高，是從事股票投資與交易的最差時機。

此外，當股市整體行情持平移動的時候，個股的股價也不太會有變動，很難靠價差賺到錢。

這就像是在無風的環境中跑步。由於沒有風所牽動的有利或不利因素，因此完全照自己的實力去跑。要是實力不佳，跑完全程的時間點就會比較慢。

當股市整體行情持平時，既無由下往上推高股價的力量，也無由上往下壓低股價的力量，所以會得到符合自己實力的成績。要是沒有實力，投資成果也不會太好。

從以上的討論可以得知，新手或是沒有投資過的人，以及投資股票老是虧錢的人，若要從事股票投資與交易，就要找整體行情上漲的時點。只要投資人鎖定這種時點從事股票投資與交易，可以說「很容易就賺到錢」。

❤ 有所謂賺錢機率高的行情嗎？

POINT 股市整體行情如果在漲，就算是新手，獲利的機率也會變高。

2

股價位在高檔區時
要居安思危

「我在股市行情上漲時買了股票，但是卻虧錢，而且還是大虧。」

我想也有很多人會講這種話吧。事實上，在我的週遭，也有好幾個人在整體行情上漲時買了股票卻虧錢。在整體行情上漲時，賺錢的機率比較高，卻還是有很多人虧錢。

這些人絕大多數被整體行情的急跌所波及。

這是什麼樣的狀況呢？我來用實際股價圖表為各位說明吧。右頁的圖表是日經平均指數的週線圖（顯示出以一星期為單位的股價）。後面我會再正式說明，但日經平均指數其實就是代表行情的指標。

請各位看 **A** 點那裡，股價正在大漲。只要買進股票繼續持有，未實現獲利應該會不斷增加吧。由於多數個股的股價都漲，理當很好賺才是。然而，在 **B** 點的地方，股價急跌。很多人都是被這樣的急跌波及而虧錢。

❤ 很多人受到急跌的波及而虧損

日經平均指數週線圖

買進時機點不佳，就容易賠錢

當整體行情上漲時，毫無疑問比較容易賺，但並不是保證一定賺。

那麼，虧錢的人到底是哪裡做得不對呢？

請看右頁圖表，和前面同樣是日經平均指數的週線圖。

假如在 **C** 點買股，從這個價位開始大漲，照理說是會獲利的。只要不是運氣特別差，應該是不會虧錢吧。

但如果是在 **D** 點買股，只漲一點點，馬上就急跌。就算再怎麼緊急賣光持股，也只能獲利一點點。要是被急跌給波及到，就會虧大錢。

「我在整體行情上漲時買了股票，但是卻虧錢，而且還是大虧。」

這是因為「買進的時點不佳」使然。後面我會再說明，**D** 點的風險頗高，虧錢的機率也很高。

買股時點不佳就容易虧損

日經平均指數 週線圖

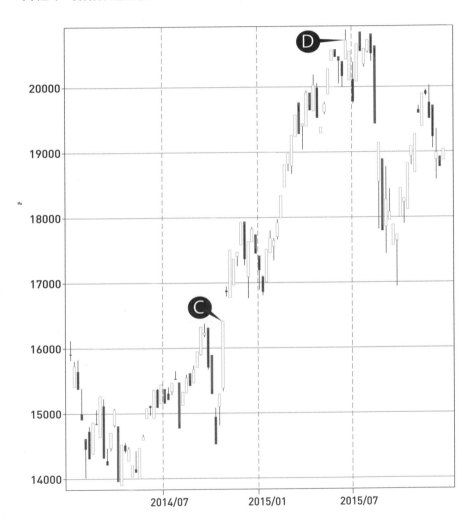

4

股價位置愈高，愈容易急跌

股價不會一直上漲，在某個價位就會停止。其後，就有急跌的可能。「大漲後急跌」的狀況並不少見，可以說是「慣例模式」。那麼，何時會急跌呢？

這事沒人知道。我雖然以股票交易維生超過十七年，但頂多也只能判斷出「可能快要急跌了」而已。不過，易於發生急跌的狀況，我倒是知道。

那就是「股價較高」的時候。

以前面日經平均指數的例子來看，**C** 點的股價「價位低」，**D** 點的股價「價位高」。

股價的位置愈高，就愈容易急跌。請記住這一點。

❤ 股價位置較高＝容易急跌

日經平均指數 週線圖

5

股價的高低，
象徵了風險的高低

雖然有點突兀，但是請稍微想像一下我接下來所講的事。

在你的眼前有某個東西。可以是板子、繩子，或是平衡木也可以，不過還是先當成是板子吧。假設有一塊寬二十公分的板子，長度長到看不見前端在哪裡。

而你在這片板子上往前走動。

假如從地面到板子的高度是十公分左右，你不會害怕，也可以在板子上面走動。因為，就算從板子上摔下來，受傷的機率極低。只要不是摔得太離譜，不會受什麼傷，頂多就是扭到腳吧？

若板子距離地面的高度變成三十公分呢？應該還是不會太害怕，可以往前走吧？就算摔下來，受傷的機率也還是很低。

若板子距離地面高二公尺呢？應該還是能夠往前走吧？不過，應該就不會說「我一點都不害怕」了吧。要是從高二公尺的地方摔下來，有一定機率會受傷。

如果板子距離地面高度變成五公尺呢？五公尺算是滿高的了，受傷的機率也大增。雖然不致於無法往前走，但走的時候很小心，所以會走很慢吧。

如果板子距離地面十公尺呢？我看還是別討論了吧。再繼續探討下去，也幾乎都是同樣的內容。

我常把股價的風險比喻成「高度」。

買股這件事，就是我這裡講的「在板子上往前走」。

而「板子距離地面的高度」就是「風險高低」。

無法解讀出風險高低，就像是在不知道距離地面多高的板子上行走一樣。究竟板子是距離地面十公分呢，還是五公尺呢？搞不好，有十公尺以上也說不定。

這麼可怕的事，你做得來嗎？我想是做不來的吧。太嚇人了！

不過，面對實際的股票行情，卻有人做這樣的事，而且還很多人。

站在高十公尺左右的板子上，卻快步往前走。

每次我看到有人這樣，都會覺得「也太猛了，在那麼高的地方，竟然還能毫不在意地走著」。

在板子上走著的當事人似乎並不覺得危險，也許他們同時想著自

己賺大錢時的景象吧？還一面走一面竊笑呢。

結果，某一天板子斷了……

我用「在板子上行走」來形容風險高低，應該可以讓各位了解看清風險這件事有多重要。

對於所有的個股，我們無法一一看清個別的風險。但是，股市當中的個股很多，有一些個股的風險是我們能夠看清的。

所以，就去買那些能夠判斷「風險很低」的個股就好了。也就是，只買進那些確定「就算摔下去（股價下跌），身體也不會受什麼傷（也不會賠太多錢）」的個股。

6 如何解讀「股價位置」的高低

股價的相對位置一高，風險就高。我想各位應該能夠理解了吧？

那麼，股價的位置是高還是低，又要如何釐清呢？

這件事可以利用 K 線圖（以下簡稱線圖）做到。在這裡我就不介紹線圖的基本閱讀方式了。不懂基本閱讀方式的朋友，請自己查網路。網路上有很多網頁會教你怎麼看線圖。

線圖依照時間軸的不同分成很多種，請各位依照自己的交易風格挑選合適的線圖使用。

交易	線圖
當沖	五分鐘線圖（日線圖）
波段交易（幾天到兩周內就出場的買賣）	日線圖
短期買賣	日線圖、週線圖
中長期投資	日線圖、週線圖、月線圖

• 判斷股價位置的標準

可是，到底要以什麼為標準，來釐清股價的位置究竟是高，還是不高呢？

舉個例子，一座山的高矮，是以「標高」來做判斷，標高的標準則是「海拔」（自平均海面算起的高度）。

那麼，線圖只要以「股價零圓」為標準就行了嗎？

這是錯的。

若以「股價零圓」為標準，就會把股價一萬日圓以上的個股看成股價很高，而把股價幾百日圓的個股看成股價低。然而，就算是股價破萬的個股，股價也有低的時候；股價只有幾百日圓的個股，股價也有高的時候。「股價零圓」並不能當成股價高低的標準。

以我來說，是以「開始上漲前的股價」做為釐清股價的位置高還是低的標準。

我舉個例子說明吧。下頁的線圖是衛采製藥的週線圖。

以這張圖來說，「開始上漲前的股價」就是 Ⓐ 那一帶。雖然再觀察得更仔細一點，會發現還是有漲跌，但粗略來看「幾乎是持平」。從整體來看，可以說是處於「股價尚未開始上漲的位置」。

所以就以這一帶為標準，來判斷某個位置（股價的位置）到底是

❤ 釐清股價高低的標準

衛采製藥（東京證交所一部 4523）週線圖

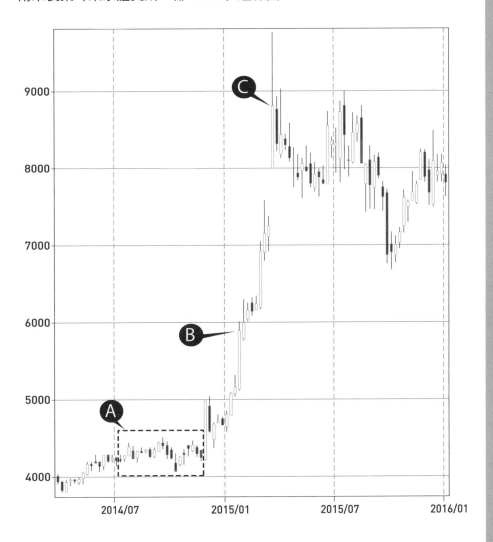

「高」還是「低」。

例如，假設我們要釐清 **Ⓑ** 的位置到底高還是低，若以 **Ⓐ** 那一帶為標準來判斷的話，就位置來說，因為 **Ⓑ** 的位置並沒有比 **Ⓐ** 高多少，因此可以判斷為「低」。

接著，假設要釐清 **Ⓒ** 的位置是高還是低。這時也一樣，以 **Ⓐ** 那附近為標準來判斷，就位置來說，因為 **Ⓒ** 位於 **Ⓐ** 往上很多的地方，因此可以判斷為「高」。

像這樣以「開始上漲前的股價」為標準的話，就能判斷某一地點的股價是高還是不高了。

● 練習找出「即將上漲前的股價」

在判斷股價的位置是高還是不高時，首先必須先決定一個「開始上漲前的股價」做為標準。

各位讀者請先從找出「開始上漲前的股價」開始練習。照著以下的步驟走，我想很容易就能找到的：

1. 標示想判斷股價高低的位置
2. 從那個位置和時間序相反，往左方逐步看過去，就像是在斜坡上往下爬一樣
3、找到開始上漲前，下坡路段的最底部的地點

一般來說，在看線圖時，不是從最右端，即最新股價往回看，就是從最左端，即線圖中的最舊股價往前看。

但想找出開始上漲前的股價，就要先從判斷清股價是高還低的位置看起。

因此，方向上要和線圖的時間序相反，由右逐步往左看過去。一起來從斜坡的頂端逐步往下探吧！

等到抵達斜坡最底部時，就是「開始上漲前的股價」。

那麼，就以本書第 31 頁處的線圖，照著步驟觀察吧。由於這是練習，為求易於了解，我們就來看看 **Ⓒ** 的股價到底是高不高。

步驟 1，要檢視的是 **Ⓒ**。

步驟 2，從步驟 1 的地方逐步往左看過去，這時就是由 **Ⓒ** 往左看。

步驟 3，找到開始上漲前，也就是往下的斜坡最底部的地點，即往下的斜坡最下面的 **Ⓐ** 處。

因此，「開始上漲前的股價水準」就是 **Ⓐ**。

• 回推時，斜坡出現漲跌形成的小山

從判斷股價高低一直看到開始上漲前的股價水準，很少會是幾乎一直線的傾斜，對吧。

大體上，在斜坡上往下走的半路上，都會碰到幾座小山（高點）。來舉個例子吧。請看右頁的日醫工一週線圖線圖。

假設我們要釐清究竟 **A** 的位置是高還是不高。從 **A** 往左邊看過去，在 **B** 處有個股價漲漲跌跌形成的小山。像這種時候該怎麼判斷才好呢？

碰到這種情形時，請越過半路上的山，繼續往下而去，也就是越過 **B**，繼續往下。接著，請一路走到斜坡的最下面。這時，**C** 就是最下面的位置，它就是開始上漲前的股價水準。

有多座小山時也是一樣，請越過山繼續往下走。

• 回推時，斜坡出現其他的高點

接著，來說明一下，若在判斷股價是高還是低的位置到開始上漲前的股價水準之間，存在著其他高點。

光看文字的描述我想應該會搞不懂，所以就以線圖為例吧。

請看第 37 頁的線圖。

假設我們想要判斷 **A** 的股價高低。從 **A** 往左邊看過去，**B** 有一個有別於 **A** 的高點，但 **B** 的位置比 **A** 要低一些。

❯ 斜坡出現漲跌形成的小山

日醫工（東京證交所一部 4541）週線圖

這種狀況下，開始上漲前的股價水準，並不是 **Ⓑ** 後方形成的低價處 **Ⓒ** 。雖然確實是從 **Ⓒ** 開始上漲而到達 **Ⓐ** ，但我們不把 **Ⓒ** 當成判斷標準。

從 **Ⓐ** 往左邊一直看過去，通過 **Ⓒ** 也通過 **Ⓑ** ，再繼續往下走。最後來到的斜坡最下方的 **Ⓓ** 那一帶，才是開始上漲前的股價水準。

也就是說，要判斷 **Ⓐ** 的高低，要以 **Ⓓ** 區為判斷標準。

• 必須練習找出「即將上漲前的股價」

「我知道基準點了，但高低還是憑感覺，每個人的判斷會不一樣吧？」

應該會有人這麼想吧？確實是憑感覺判斷，每個人的判斷也會不同。

例如，假設我們要判斷 **Ⓐ** 的位置是高還是低好了。有人會認為「很高」，另一個人則是認為「低」。像這樣，就算根據同一基準點來解讀，不同人的判斷還是會不同。

在難以斷定的時候、缺乏自信的時候、不清楚的時候，可以不用硬作答沒關係。會讓你覺得「不太清楚」的狀況，其他多數人應該也會覺得「不太清楚」。像這樣的個股，可以直接排除在投資或交易對象之外。股市裡還有很多個股，我們只要針對那些我們「十分清楚」的個股投資或交易，也就行了。

雖然我在當沖交易中維持了八成以上的勝率，但對我來說，並不

❤ 斜坡出現其他高點

樂敦製藥（東京證交所一部 4527）

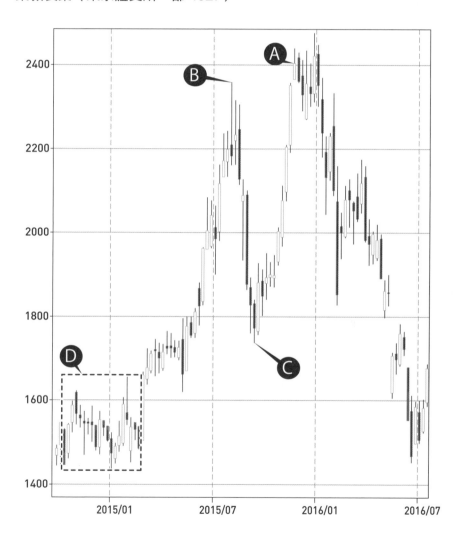

是所有個股的動向以及風險，我全都能了然於胸。相反地，絕大多數都是我無法解讀的，但總還是會有幾檔個股是我能夠解讀的。我就是以這些個股為中心做交易，創下高勝率的。

也就是「只做那些自己能解讀的股票」。各位讀者也一樣，只以自己已經「十分清楚」的個股，做為投資與交易的標的就好。

順帶一提，要判斷某一點的股價是高還是低，只要不斷練習，精確度就會變高。所以大家就多看一些線圖，反覆練習判斷圖中的某個點的股價到底是高還是低。

7

重點整理
投資中易於賺錢的要素

現在，為讀者整理一下到此為止的內容。

要想在股票投資與交易上獲利，不希望虧錢的話，就要將賺錢的要素限定在以下條件。

• 行情處於上漲走勢，股價位置不高

在波段交易或短期、中期投資中，只要限定在「在整體行情處於上漲傾向時，買進處於走勢上漲，股價位置偏低的個股」，在這樣的條件下交易與投資股票，獲利機率會比較高，虧錢的機率會比較低。

若為當沖，只要限定在「買進處於走勢上漲，股價位置又偏低的個股」這樣的條件下交易與投資股票，獲利機率會比較高，虧錢的機率會比較低。

本書會依照這樣的條件逐步介紹交易手法。

❤ 避免在股票投資與交易中虧損

若不想在股票投資
或交易中虧損

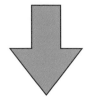

行情處於上漲走勢

股價位置不高

只在符合以上條件時投資與交易股票

不符合以上條件時，
就不投資與交易股票

POINT 只在符合「行情處於上漲走勢」「股價位置不高」這樣的條件
時投資與交易股票

第**2**天

股價容易下跌
的情境

1

辨識股價是否處於
易下跌的情況

在股票投資與交易中虧損的人的交易中，常會看到一些狀況，讓我覺得「怎麼會在那麼高風險的狀況下買股票呢？」

當然，就算在那樣的狀況下買股，也並不代表必然會虧損，有時候也可能會獲利。

只是，在股票投資與交易中，如果不懂能夠穩定在股票投資與交易中獲取利潤的技巧，就不該在那種狀況下買股。因為，在未來某一天虧大錢的機率會很高。

我已經靠著股票交易維生達十七年以上，但是到現在仍會經常在腦中謹記著一些東西。那就是，在這個股市交易世界中存活的訣竅。

● **要想在市場中存活下來，重點在於不虧大錢**

這件事很重要。重點不在於「賺大錢」，而在「不虧大錢」。要把「虧錢」這件事當成考量的關鍵。

但絕大多數的人，都沒有察覺到這件事，他們都只想著要「獲利」。就算聊如何買股，絕大多數的人還是會說「請教我怎麼買才能獲利」。

沒有任何一個人會說「請教我怎麼買才不會虧錢」。

本書的讀者，請你先想著「不要虧大錢」這件事。在那之後才去想「獲利」這件事。

首先，要學的是判斷「股價下跌的可能性很高的狀況」「急跌的可能性很高的狀況」，以及「大跌的可能性很高的狀況」。

但請不要誤會，我所講的並不意味「必定會跌」「絕對會急跌」「一定會大跌」。

我講的是「可能性很大」。以買股來說，可以視之為虧錢的機率很高。換句話說，就是「風險很高的狀況」。

若是能在確認這樣的狀況之後，再決定要不要投資或交易，虧損的機率就會變得很低。

2

股價在較高的位置出現長黑 K 線，就容易下跌

當股價在較高的位置出現長黑 K 線，就容易下跌。

所謂的長黑 K 線就是，從開盤價到收盤價為止極其長的黑線。

這意味著股價大幅被壓低，也就是賣壓很重。

股價在愈高的位置出現長黑 K 線，就愈容易下跌，就是有這樣的習性存在。尤其是在較高的位置，愈是在急漲後出現長黑 K 線，就愈容易跌。

來看看實際的圖表吧。下頁的圖表是八樂夢床業控股公司的週線圖。

在股價頗高的位置出現了極長的黑線，是條長黑 K 線。

「股價在較高的位置」，又是「長黑 K 線」，易跌的條件湊齊了。股價就急跌了。

像這種股價較高的位置出現長黑 K 線，股價就容易下跌，請務必當心。

❯ 要當心股價較高位置的長黑線

八樂夢床業控股公司（東京證交所一部 7817）週線圖

3

股價在較高的位置出現上影黑線，就容易下跌

　　股價在較高的位置出現長長的上影黑線，風險就會變高，容易下跌。所謂上影黑線的區段，從收盤價或開盤價到最高價（最高價比收盤價高，後來拉回，在開盤價之上。）在 K 線中是以細線來表示的。這代表著股價雖然一度漲到了最高價的地方，但是又被壓低了，表示賣壓很重。股價在愈高的位置出現這情形，就愈容易跌。上影線愈長就愈容易跌。和從開盤價到收盤價相比，上影線愈長，就愈容易跌。

　　特別是急漲後，就更容易下跌。來看實際圖表吧。下頁圖表是軟腦科技（東京證交所一部 4779）的週線圖。

　　請看圖中 Ⓐ 的地方，出現了長紅 K 線（參見本書第 45 頁）。在一星期內從 150 日圓至 199 日圓區間，急漲到 400 多圓。其後，出現了長長的上影黑線。雖然股價曾在長紅 K 線的隔週急漲到 858 日圓，但是又被壓回 500 日圓一帶。

　　出現長長的上影黑線後，就很容易跌，要多當心。

❯ 在較高的位置出現的長長上影線要多當心

軟腦科技（東京證交所一部 4779）週線圖

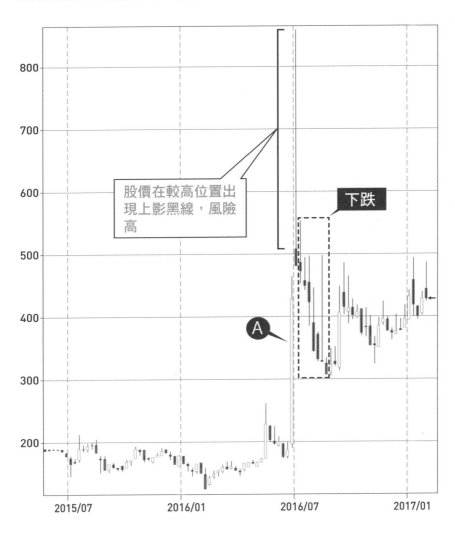

股價在較高位置出現上影黑線，風險高

下跌

A

4

股價在較高的位置出現長紅 K 線，就容易下跌

股價一旦在較高的位置急漲，就會變得容易下跌。

有幾種 K 線的排列方式，可以用來顯示急漲，但最好懂的還是「長紅 K 線」，也就是開盤價與收盤價之間的長長的紅線。代表自開盤價開始大幅上漲成為收盤價，因此可清楚得知股價發生了急漲。

長紅 K 線出現在股價愈高的位置，就愈容易下跌。由於最高價使人產生警戒，較少人會再買進，因此會容易下跌。

來看實際的圖表吧。次頁的圖表是 Nexyz 集團的週線圖，在股價頗高的位置出現了長紅 K 線。這一根 K 線約相當於 500 日圓的幅度，可得知急漲不少。股價在較高的位置急漲，湊齊了易於下跌的條件。之後，就出現了暴跌的長黑 K 線。

一旦在股價較高的位置出現長紅 K 線，股價就很容易下跌，請當心。

❤ 股價在較高的位置急漲，風險高

Nexyz 集團（東京證交所一部 4346）週線圖

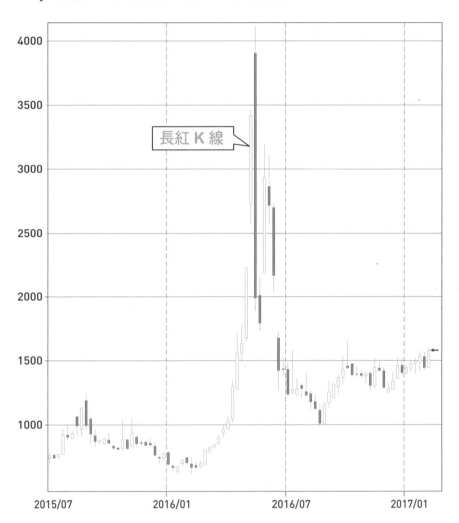

長紅 **K** 線

5

暴漲的個股更容易急跌

連續漲停的個股，「急跌」的機率也很高。

所謂漲停就是，股價漲到交易當天的上限值。

股價每天設有漲跌幅度的限制，上下限取決於前一天的收盤價。例如，前一天的收盤價為 300 日圓的個股，漲跌上下限為 80 日圓。（台股的漲跌幅上限為 10%）就算再會漲，最多也只能漲到 380 日圓為止；就算再會跌，最多也只能跌到 220 日圓為止。不會再漲更多，也不會再跌更多。

當股價漲到上限，買單相對於賣單多出許多，導致交易無法成立，就稱為漲停。順帶一提，股價跌到下限，賣單相對於買單多出許多，導致交易無法成立，則稱為跌停。

漲停就是一種急漲，會導致股價容易急跌。尤其是連續漲停的狀態，急跌的機率會變得很高，必須當心。

來看 51 頁的圖表是黑田精工的日線圖。

股價從 100 多圓急漲到 700 多圓。

交易	收盤價	與前日股價相比
2016 年 11 月 29 日	156 日圓	——
2016 年 11 月 30 日	206 日圓	漲 50 日圓
2016 年 12 月 1 日	286 日圓	漲 80 日圓
2016 年 12 月 2 日	366 日圓	漲 80 日圓
2016 年 12 月 5 日	446 日圓	漲 80 日圓
2016 年 12 月 6 日	606 日圓	漲 160 日圓
2016 年 12 月 7 日	706 日圓	漲 100 日圓

中間隔了星期六、日，算起來是六個交易日連續漲停。原本為 156 日圓的股價，在六個交易日裡漲到了 706 日圓，漲幅約 4.5 倍。

急跌機率已經變得很高。許多投資人、交易人應該會覺得「漲太多了」吧，此時，很少人會想用更高的價格買進。

2016 年 12 月 8 日，開盤價為 581 日圓，比前一天收盤價跌了 125 日圓。12 月 7 日時以 706 日圓買進的人，變成突然就產生了 125 日圓的損失。光是買個 1000 股，就損失 12 萬 5000 日圓。

像這個例子一樣連續六天漲停雖然很少見，但連續兩三天漲停是很常見的。

光是漲停一天，急跌的機率就會變大。若還連續漲停，急跌的機率會變得很高。

• 「鎖定漲停」的手法

若能巧妙買進漲停的個股，隔天就有可能開盤大漲（但由於在漲停的狀況下買單遠多於賣單，可能並不好買到）。

有一種手法叫「鎖定漲停」，針對的是「隔天起的上漲」。藉由向證券公司下單的方式，提高買到漲停個股的機率。

買到後，再鎖定隔天開盤價的上漲。順利的話，可能會像黑田精工那樣連續幾天都漲停，就能在短期內獲利豐碩了。

雖然是十多年前的事了，我也曾經「因鎖定漲停」而獲利可觀。那時，一發現漲停的個股，只要下買單，買到的機率就很高，所以也很容易能夠獲利。

由於存在著這樣的手法，不能一概而論說「最好別買漲停的個股」。但由於急跌的機率確實很高，怕虧損的人，最好還是別買。

❤ **連續漲停後容易急跌**

黑田精工（東京證交所二部 7726）日線圖

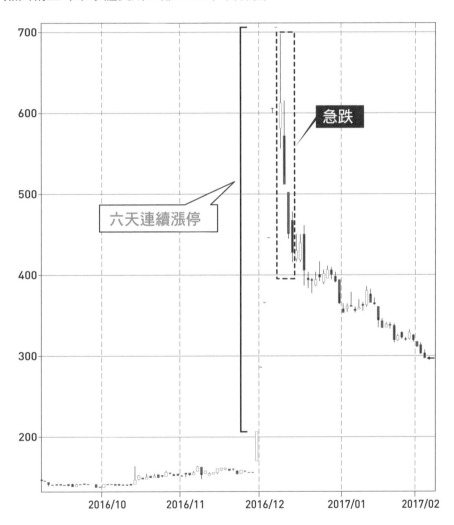

急跌

六天連續漲停

第**3**天

運用週線圖
做波段交易

1

波段搭上走勢便車，可創造利潤

第三天要介紹如何運用週線圖做「波段交易」。

要介紹的手法，簡單說就是「當大盤處於上漲走勢時，買進處於上漲走勢的個股」。這是一種利用走勢創造獲利的思維。在股票交易中，分為「順勢操作」與「逆勢操作」，這種手法屬於順勢操作。

⬀ 順勢操作	順著股價動向做同方向的操作。以買進來說，就是在股價上漲時買進。
⬂ 逆勢操作	逆著股價動向做反方向的操作。以買進來說，就是在股價下跌時買進。

只要股價未進入高價圈範圍，以買進來說，順勢操作的風險會比較低。

只要大盤沒有急跌，個股未出現負面消息，急跌的機率很低。

❯ 順勢與逆勢操作的不同

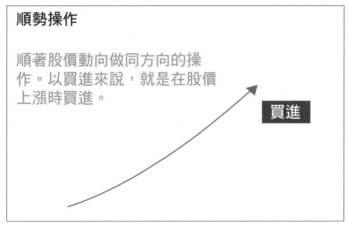

順勢操作

順著股價動向做同方向的操作。以買進來說，就是在股價上漲時買進。

買進

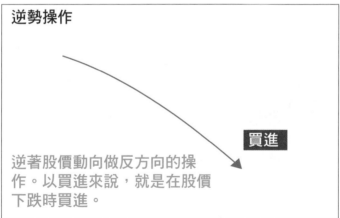

逆勢操作

買進

逆著股價動向做反方向的操作。以買進來說，就是在股價下跌時買進。

POINT 事先了解順勢與逆勢操作的不同。在交易中，順勢操作略為有利一些。

2 看均線該注意的細節

在這種手法中，要使用均線。

在週線圖中常用的有以下期間的移動平均線：

13 週均線（季線）	13 週期間，根據每週的收盤價平均值畫出來的線
26 週均線（半年線）	26 週期間，根據每週的收盤價平均值畫出來的線
52 週均線（年線）	52 週期間，根據每週的收盤價平均值畫出來的線

但最常使用的還是 13 週均線，接下來才是 26 週均線與 52 週線。

由於很多人並不使用 52 週均線，因此有些證券公司也可能未標示在圖表上。

以我而言，這三種移動平均線我都使用。

❯ 在週線圖中使用的均線

日經平均指數週線圖

那麼，在看均線時，應該注意什麼地方呢？

那當然非得重視股價與均線之間的「位置關係」不可。

除此之外，我本身也會重視這三條均線的狀態。具體來說就是「方向」「排列狀況」以及「間隔」。

方向	各均線朝著什麼方向？往上還是往下還是持平？
排列方式	三條均線的排列順序為何？
間隔	三條均線在隨時序變動時，彼此之間的間隔多大？有間隔還是沒間隔？
股價與移動平均線之間的位置關係	股價位於均線之上還是之下？

只要觀察這些項目，就能得知股價目前的狀況。

觀察均線時，首先要看每條均線朝著什麼方向，徹底辨別究竟是往上、往下，還是持平。若為往上，就表示「股價處於上漲走勢」；若為往下，就表示「股價處於下跌走勢」；若為持平，就表示「股價既不處於上漲走勢，也不處於下跌走勢」。雖然未必百分之百如此，但可以這樣解讀。

接著，要看三條均線的排列順序。只要看它們是以什麼順序排列就好。假如由上而下依序是 13 週、26 週、52 週的順序排列的話，我

們就可以說「股價處於上漲走勢的機率很高」。反之，假如由上而下
是 52 週、26 週、13 週這樣的順序的話，就可以說「股價處於下跌走
勢的機率很高」。除此之外的排列順序，則可以看做是「股價既不處
於上漲走勢，也不處於下跌走勢」，或者是「要開始有走勢了」。

　　接著，要看的是三條移動平均線的間隔，愈是保持一定的間隔推
移，可以視為走勢愈穩定。

　　最後，是股價與均線之間的位置關係。若股價位於三條均線的上
方，我們就可以說「股價處於上漲走勢的機率很高」。反之，若股價
位於三條均線的下方，就可以說「股價處於下跌走勢的機率很高」。

　　我再整理一次以協助各位理解。處於上漲走勢的機率很高的如以
下幾種狀況：

方向	三條均線全都往上走
排列方式	均線的順序由上而下是 13 週、26 週、52 週
間隔	三條均線之間在推移時保持一定的間隔
股價與移動平均線之間的位置關係	股價（收盤價）位於所有均線上方

　　只有在以上的狀態下，才買股。

3

看清大盤走勢的方法

　　看過個股的週線圖後，找出處於上漲走勢的股票，出手買股。但光這樣還不夠，還必須徹底找出風險更低的狀態再買股。鎖定大盤處於上漲走勢時再出手吧！當大盤處於上漲走勢時，許多個股的股價都更容易漲。由於投資人或交易人都看好股市上漲，不是在高價買進，就是手中有持股卻不賣出，所以股價容易漲。若在這種時候買股，獲利的機率會大幅提高。

　　有很多方法都能看出大盤走勢，但我本人看的是日經平均指數的動向。

　　雖然「大盤走勢」未必百分之百相當於「日經平均指數的走勢」，但可以視為「大致上吻合」。

　　上一頁介紹過的方法，就是一種能夠徹底釐清走勢的方法。去看日經平均指數的週線圖，只要符合該方法的條件，就能判斷為處於上漲走勢。

❤「大盤走勢」＝「日經平均指數的走勢」

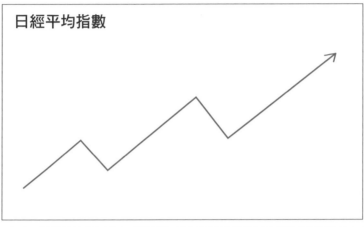

日經平均指數

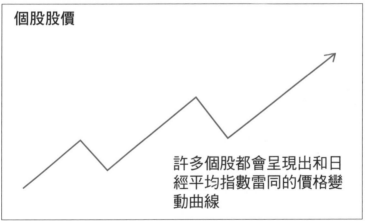

個股股價

許多個股都會呈現出和日經平均指數雷同的價格變動曲線

POINT　可以視為「大盤走勢」＝「日經平均指數的走勢」

4

用均線位置判斷上漲行情

那麼，舉例實際的線圖，來看看其中哪些地方符合上漲走勢的條件吧。

下頁的圖表是日經平均指數的週線圖。

請看 Ⓐ 點處（2015 年 1 月第 3 週）。

首先，確認一下均線的方向；三條均線全都往上。

接著，確認排列順序；由上而下依序是 13 週、26 週、52 週的均線。

再來，確認間隔；三條移動平均線都是確保間隔在推移的。

最後，確認股價與移動平均線的位置關係；股價（收盤價）在所有移動平均線上方。

由此可知，從這裡到收盤價跌破移動平均線為止，可以看成「處於上漲走勢」，具體來說，就是到 Ⓑ 點處為止。

❤ 在週線圖中看清上漲走勢

日經平均指數週線圖

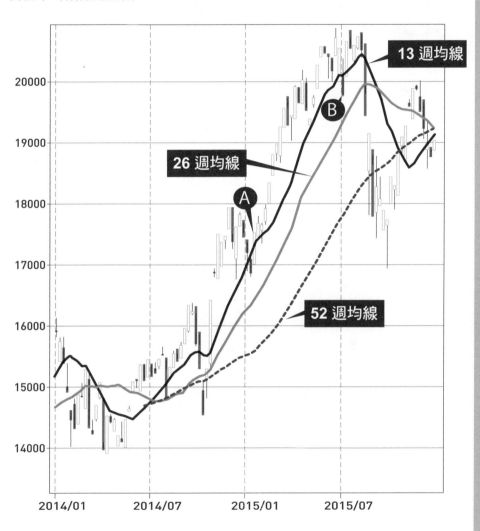

5

運用週線圖的波段交易法

那麼，以下來具體說明如何運用週線圖做波段交易。

請照著以下的步驟做。

第一步：確認平均指數的三條均線都符合上漲走勢的條件。符合
的話就進入第二步。

第二步：找出三條均線符合上漲走勢條件的個股。找到後，進入
第三步。

第三步：用週線圖確認，個股股價是否在高價圈範圍。把股價已
進入高價圈範圍的個股排除在外，進入第四步。

第四步：個股股價下跌後，當股價在 13 週均線附近反彈，一漲破
最接近的高點，就做買進準備。進入第五步。

第五步：若確定個股的收盤價漲破最接近的高點，就以收盤價進，
或是以隔週開盤價買進。

❤ 使用週線圖做波段交易的順序

第一步　確認平均指數的三條均線都符合上漲走勢的條件。符合的話就進入第二步。

第二步　找出三條均線符合上漲走勢條件的個股。
找到後，進入第三步。

第三步　用週線圖確認，個股股價是否在高價圈範圍。把股價已進入高價圈範圍的個股排除在外，進入第四步。

第四步　個股股價下跌後，當股價在 **13** 週均線附近反彈，一漲破最接近的高點，就做買進準備。進入第五步。

第五步　若確定個股的收盤價漲破最接近的高點，就以收盤價進，或是以隔週開盤價買進。

〔實例解說〕
三條均線皆往上

下頁圖表是住友化學的週線圖。

第一步：日經平均指數自 2015 年第 3 週起，三條均線都符合上漲
　　　　走勢的條件。

第二步：Ⓐ 點處，三條均線符合了上漲走勢的條件。

第三步：股價尚未進入高價圈範圍。

第四步：股價下跌，在 Ⓑ 點處於 13 週均線附近反彈，並在 Ⓒ 點
　　　　處漲破最接近的高點 518 日圓。

第五步：可以用 Ⓒ 點的 K 線收盤價 543 日圓 , 或隔週開盤價 542
　　　　日圓買進。

　　仔細看看 Ⓐ 點處，52 週均線的方向並不很清楚，算是微微往上。
但已經足夠了。多數狀況下，漲破最靠近的高點時，52 週均線的方向
就會明確呈現往上了。

❤〔實例解說〕住友化學

住友化學（東京證交所一部 4005）週線圖

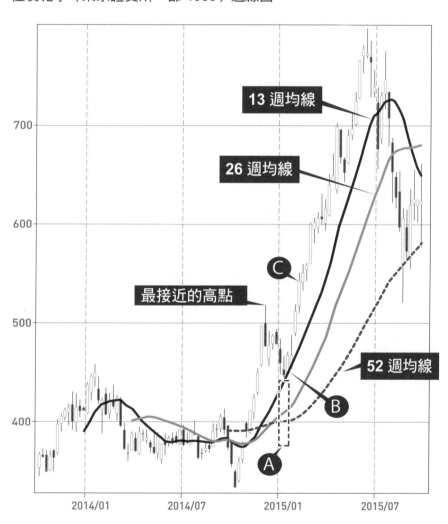

稍跌破 13 週均線，立刻反彈

下頁圖表是東京海上控股的週線圖。

第一步：日經平均指數自 2015 年第 3 週起，三條均線都符合上漲
　　　　走勢的條件。

第二步：Ⓐ 點處，三條均線符合了上漲走勢的條件。

第三步：股價尚未進入高價圈範圍。

第四步：股價下跌，在 Ⓑ 點處於 13 週均線附近反彈，並在 Ⓒ 點
　　　　處漲破最接近的高點 4100 日圓。

第五步：可以用 Ⓒ 點的 K 線收盤價 4140 日圓，或隔週開盤價
　　　　4065 日圓買進。

　　仔細看看 Ⓑ 點處，低價跌破 13 週均線，但只跌破一點點，而且
馬上反彈，還是可以照常觀察 13 週均線的變化，才跌破這麼一點不是
問題。

❤ 〔實例解說〕東京海上控股

東京海上控股（東京證交所一部 8766）週線圖

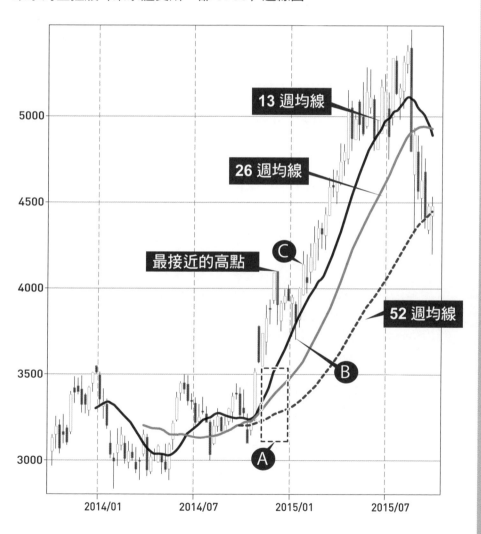

7

如何篩選「勝率」高的個股

當平均指數處於上漲走勢時，可以在上市的個股當中，找到許多符合條件的個股。利用以下的條件從中篩選，可以進一步提高勝率。

• 1. 呈現出和平均指數一樣的走勢

「平均指數的走勢」並不完全等於「大盤走勢」。因此，也有許多個股的走勢和平均指數是截然不同的。這裡要介紹的手法，要配合日經平均指數的走勢買股，若找的是以相同節奏變動的個股，勝率就會變高。

• 2. 盡可能找東京證交所一部*的個股

以我來說，無論哪個市場的個股，我都照樣買賣。東京證交所一部的個股也好，二部的個股也好，興櫃市場的個股也好，只要我認為有利可圖，不管什麼市場的個股，都照樣交易不誤。

＊東京證券交易所，名古屋及大阪證交所並列為日本三大交易所，其市場規模位居世界前三大，且分為一、二部。

不過，我說要盡可能找東京證交所一部的個股。是因為日經平均指數所採用的二二五支個股，都是來自東京證交所一部，因此挑選同為東京證交所一部的個股，走勢會比較容易相同。

• 3. 盡可能找業績好的個股

以我來說，當沖交易的話我不會去在意個股企業的業績，但如果是波段交易或短期買賣，我就會比較在意。

畢竟至少要持股幾天的期間，當然要盡量找「業績好」的個股，以降低風險。業績好的個股在行情佳時很容易有人買進，因此股價就容易漲。

• 4. 找還沒漲多少的個股

要盡可能挑選看起來「上漲空間還很大」的個股，也就是還沒有漲多少的個股。當然，就算股價已經漲到某種程度，要再往上漲還是可能的，但比較值得期待的，還是今後看起來有很大上漲餘地的個股。

8

如何找尋走勢上漲的個股

那麼，該如何找出符合步驟二至步驟四的個股呢？

我想新手應該不知道該怎麼找才好，所以就在此介紹一下。

以不花錢的服務來說，可以利用證券公司的免費資訊。只要到證券公司開戶，就能免費看到股價資訊。很多時候連線圖也都能免費察看，所以可加以利用。

不過，前提是他們提供的週線圖中必須有包含 52 週均線。很多證券公司提供的免費資訊中，都會包括 13 週與 26 週的均線，但 52 週均線，很多證券公司就不會提供了。

因此，以我自己來說，雖然得花一點成本，我同時也會利用有提供週線圖的週刊雜誌來查詢資料。

*除了股市現場的即時訊息，也可使用各家銀行或券商提供的 App 或如鉅亨網，或 HiStock（嗨投資理財社群）等各家提供的股價查訊軟體，可達事半功倍之效。

　　當你找到確定符合條件的個股，或是乍看之下似乎有符合條件的個股時，就一個個用標籤紙貼在頁面上。這兩種個股可以使用不同顏色的標籤紙區分。

　　看完所有個股的線圖大概需要三小時。當行情變動激烈時，會想要花更多時間去細看，但因為還得看日線圖集，我決定不花太多時間去看。

　　要想找出處於上漲走勢的個股，我認為這種方法是最好找的。或許有人會覺得「我都還沒靠股票賺到錢，每星期還得另外花錢，這有困難」。確實，都還沒靠股票賺到錢，每週卻要為此多出固定的支出，是有些困難沒錯。但平常其實每個月買一次就夠了，等到平均指數看起來快要進入上漲走勢時，再改為每星期都買就行了。

9

在股票投資與交易中，等待是很重要的

我想，應該很多朋友會覺得「只在處於上漲走勢時才買股，這樣子適合交易的時機不會很少嗎？」確實，這樣買股的時機並不多。但這也是沒辦法的。

在股票投資的新手當中，容易虧錢的，都是那種「明明缺乏技巧，卻又頻繁交易」的人。總之，就是那種「就是忍不住想要頻繁買賣股票，手邊沒有隨時握有股票就心情不平靜」的人。

當大盤處於上漲走勢時，即使如此頻繁買賣股票，也可能有賺頭。但當大盤並不處於上漲走勢時，過於頻繁交易，虧錢的機率就會變高。

在投資股票時，等待也是很重要的。必須要靜心等待，直到獲利機率較高的時機到來。要是做不到，就很難持續在股票投資與交易上獲利。能夠長年持續獲利的人，都是能沉得住氣的人。

我自己也是，最近的交易次數變得很少。因為我是以當沖操作為主，交易的時機點還算不少。過去，我每天會交易個好幾十次。每當碰到「看起來會獲利」的時機點，就全部都交易。

但最近我幾乎都是一天交易十幾次，頂多也就三十次左右。一年當中，甚至有幾天完全沒交易。就算一早開始就守在電腦前，我也不交易。雖然並不是沒有可交易的時機點，但我就是不交易。

為什麼我的交易次數會減少這麼多呢？原因在於，我現在只鎖定在獲利機率高的時機點。我一心一意只等著獲利機率高的時機點到來。唯有那樣的時機點到來，我才做交易。

如此一來，勝率便理所當然提高了。我在當沖中虧錢的日子，每個月大概只有一到三天。而且多數只有虧損買賣手續費而已。真正因為交易本身（買賣的價差）而虧損的日子，一個月大概頂多只有一天。

即使是做波段交易，最好也只鎖定在獲利機率高的時機點出手比較好。

第**4**天

運用日線圖
做波段交易

1

使用不同「日線圖」的
波段交易法

在第三天的課程中介紹的波段交易手法，是很靠得住的，可以說很適合個性謹慎的朋友。

但還有個大問題存在，那就是「買股時機極少」這件事。就算用一年這個期間來看，能夠買股的時機，依然相當有限。

應該很多人都覺得「我沒辦法等那麼久，我想要早點投資」吧？會這麼想也是當然的，我也有同樣的感受。

因此，本章要介紹另一種買賣機會稍微再多一些的波段交易手法。我們不利用週線圖，而是利用「日線圖」。

不過，假如光是增加機會，勝率或獲利率會變差，所以還是只限定在「有利可圖的狀況下」做交易。

所謂「有利可圖的狀況」就是「大盤處於上漲走勢的時候」。在這個時機買股，虧損的機率會更低。買股時也要挑選「處於上漲走勢」的個股，而且鎖定「呈現漲勢」的個股。

• 日線圖的設定

第四天要介紹的波段交易手法，也要使用「均線」。

無論是日經平均指數的日線圖，還是個股的日線圖，請都把它們的以下兩條均線顯示出來。

在日經平均指數的日線圖與個股的日線圖中，把 25 日均線與 75 日均線調出來。

在日線圖的移動平均線當中，最常用的就是 25 日均線了。接著則依序是 5 日均線、75 日均線、200 日均線。

在這套手法當中，我們要使用 25 日均線與 75 日均線。

25 日均線	25 天期間，每天（每個交易日）的收盤價平均值連成的線
75 日均線	75 天期間，每天（每個交易日）的收盤價平均值連成的線

　　25 日均線應該幾乎在所有線圖中都能取得。但 75 日均線，免費觀看的線圖有可能無法取得，還請注意。

　　首先，請到你開設交易帳戶的證券公司的股價資訊服務頁面，確認一下日線圖的頁面能否把 75 日均線調出來。

　　要是無法顯示 75 日均線，那就到日線圖中能夠顯示 75 日均線的證券公司開戶，以利用那邊的功能。

　　*「三竹股市」是為各家台灣券商提供股票及股市篩選系統的網路 App 工具，可善加使用。

❯ 日線圖的設定

日經平均指數日線圖

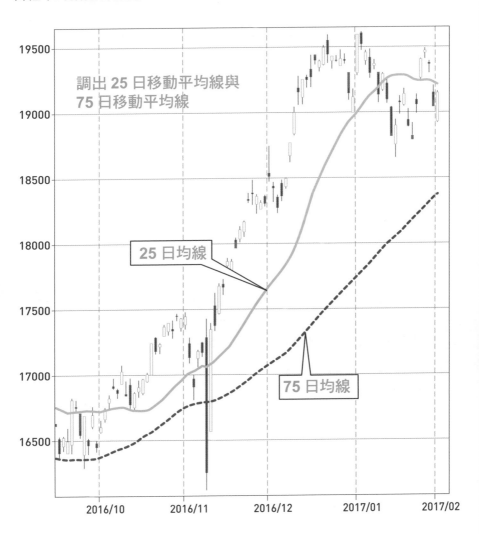

調出 25 日移動平均線與
75 日移動平均線

25 日均線

75 日均線

2

找出指數上漲的時機

此起要開始說明具體手法。首先，看著日經平均指數的日線圖，根據股價與這兩條移動平均線的關係，徹底找到處於上漲走勢的期間。若符合以下條件，就可以看成處於上漲走勢。

條件 1：25 日均線位於 75 日均線上方

條件 2：25 日均線與 75 日均線的方向都往上

條件 3：日經平均指數漲破最接近的高點，在均線上方推移

來看實際圖表吧。下頁的圖是日經平均指數的日線圖。

請看 Ⓐ 點那裡，25 日均線位於 75 日均線上方，符合條件「1」。接著請看 Ⓐ 點和 Ⓑ 點的地方，25 日移動平均線與 75 日均線都往上，符合條件「2」。最後請看 Ⓒ 點那裡，日經平均指數漲破最接近的高點，符合條件「3」。因此，從此起到 Ⓓ 點為止，可以看成「處於上漲走勢」。

❤ 徹底找出上漲走勢的方法

日經平均指數日線圖

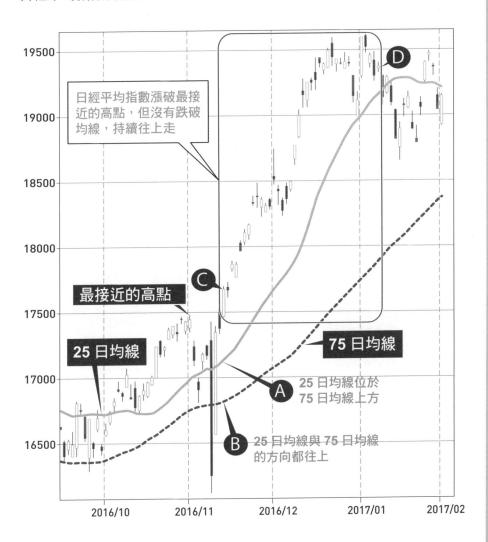

日經平均指數漲破最接近的高點，但沒有跌破均線，持續往上走

最接近的高點

25 日均線

75 日均線

Ⓐ 25 日均線位於 75 日均線上方

Ⓑ 25 日均線與 75 日均線的方向都往上

3

找出處於上漲走勢的個股

當日經平均指數處於上漲走勢時，找尋也處於上漲走勢的個股。

只要符合以下條件，就視為處於上漲走勢。

條件 1：25 日均線位於 75 日均線上方

條件 2：25 日均線與 75 日均線的方向都往上

條件 3：漲破最接近的高點

這些條件和我們要判斷日經平均指數的上漲走勢時幾乎一樣。但「條件 3」的部份略有不同，還請注意。

來看實際圖表吧。下頁是日立工機的日線圖的一部份。

請看 Ⓐ 點那裡，完全符合條件 1 至條件 3。從 Ⓐ 點開始，可以看成「處於上漲走勢」。

請看多支個股的日線圖，找出符合條件的個股吧。

❤ 觀察個股的上漲走勢

日立工機（東京證交所一部 6581）日線圖

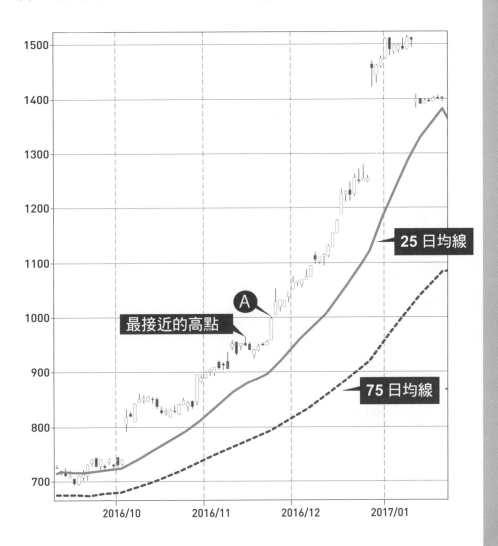

4

鎖定具漲勢的個股

　　買股的時機點在於，平均指數完全符合條件 1 至條件 3（處於上漲走勢時），以及個股完全符合條件 1 至條件 3 的時候。只要在這個時間點買，由於大盤行情在上漲，風險比較小，勝率也會頗高。但我還是希望能把範圍再縮得更小。

　　我們只鎖定「正在漲勢上的個股」。由於不知道大盤何時轉跌，要在短期間內瞄準利潤。與其去買不知何時會漲的個股，還不如買正在漲勢上的個股。乘著漲勢會比較安全。要鎖定的是符合以下任一條件的個股：

　　1. 以「長紅 K 線」漲破最接近的高點
　　2. 以「跳空開高」漲破最接近的高點

　　要看出個股具漲勢的方法有很多種，我認為這兩種最好理解。所謂跳空開高就是，開盤價和前一個交易日的高點之間維持一段差距的狀況。

❤ 以長紅線或是跳空開高漲破

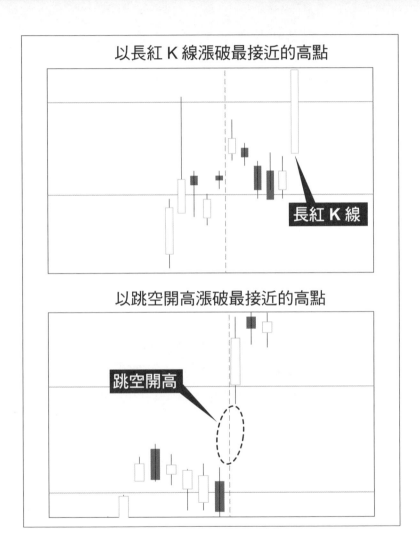

以長紅 K 線漲破最接近的高點

長紅 K 線

以跳空開高漲破最接近的高點

跳空開高

POINT 鎖定「以長紅 K 線漲破最接近的高點」或「以跳空開高漲破最
接近的高點」的個股

5

運用日線圖的具體波段交易技巧

那麼,來整理一下使用日線圖的波段交易技巧。

請照著以下的步驟做。

第一步:等待日經平均指數符合上漲走勢的所有三個條件。符合的話進入第二步

第二步:找尋符合上漲走勢條件 1 和 2 的個股。找到後進入第三步

第三步:找尋以長紅 K 線或在跳空開高下收盤價,漲破最接近的高點的個股。找到的話就進入第四步

第四步:在漲破最接近的高點的下個交易日開盤時買進

只要在「第二步」把符合的個股先列好,等到收盤後再去看這些個股的線圖,應該馬上就能得知是否符合「第三步」的條件。

❤ 運用日線圖做波段交易的手法之步驟

第一步　等待日經平均指數符合上漲走勢的三個條件

第二步　找尋符合上漲走勢條件 1 和 2 的個股

第三步　找尋以長紅 K 線或在跳空開高下收盤價,漲破最接近的高點的個股

第四步　在漲破最接近的高點的下個交易日開盤時買進

6

〔實例解說〕
日線圖的波段交易法

那麼，就來用實例說明使用日線圖的波段交易法。

次頁的圖表是御牧工程的日線圖。

第一步：日經平均指數在 2016 年 11 月 14 日符合所有三個條件（參
見 85 頁圖表）

第二步：在 Ⓐ 點處完全符合個股的條件 1 和條件 2

第三步：在 Ⓑ 點處出現長紅 K 線，收盤價漲破最靠近的高點 592
日圓

第四步：漲破最接近的高點，在下個交易日開盤時以 628 日圓買
進

買股後，股價上漲，在 2016 年 12 月 12 日到達 749 日圓高點，在
短期間大漲。當然，股價並非總是像這樣大漲的，個股也可能只漲一
些。

❤〔實例解說〕御牧工程

御牧工程（東京證交所一部 6638）日線圖

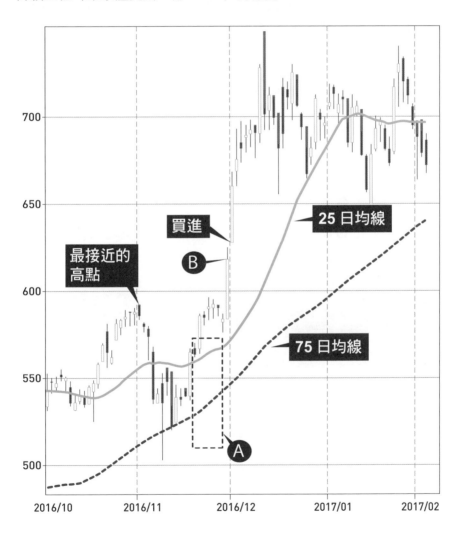

跳空開高，漲破股價高點

接著要看跳空開高，漲破股價高點的例子。

次頁的圖表是 JX 控股的日線圖。

第一步：日經平均指數在 2016 年 11 月 14 日符合所有三個條件

第二步：在 Ⓐ 點處完全符合個股的條件 1 和條件 2

第三步：在 Ⓑ 點處跳空開高，收盤價漲破最靠近的高點 448 日圓

第四步：漲破最接近的股價高點，在下個交易日開盤時以 473 日圓買進

買股後隔天，股價跌到比買價略低，但其後大漲，在 2016 年 12 月 12 日到達 531.3 日圓的高點。

請仔細觀看線圖，把跳空開高的形狀好好記下來。由於和前一交易日的 K 線之間有一段間隔，我想應該很好辨認。

▼〔實例解說〕JX控股

JX 控股（東京證交所一部 5020）日線圖

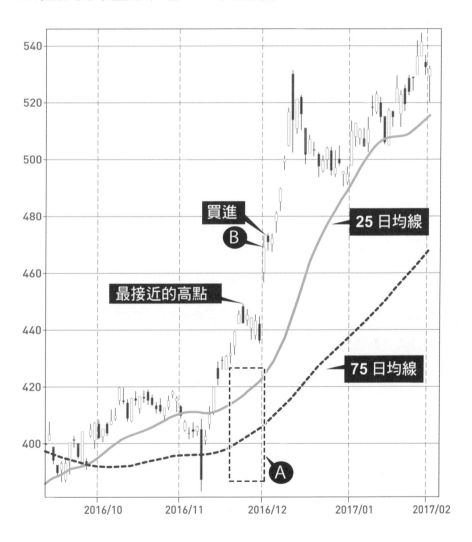

次頁的圖表是東邦鈦金屬的日線圖。

第一步：日經平均指數在 2016 年 11 月 14 日符合所有三個條件

第二步：在 ❹ 點處完全符合個股的條件 1 和條件 2

第三步：在 ❺ 點處出現長紅 K 線，收盤價漲破最靠近的高點 811 日圓

第四步：在漲破最接近的高點後的下個交易日開盤時，以 825 日圓買進

買股後當天以及隔天，股價都上漲。在 2016 年 12 月 12 日到達 893 日圓高點後，股價就轉跌了。

像這種「就算日經平均指數上漲，個股股價還是轉跌」的情形是很常見的。因此，買進後一急漲，就獲利了結吧。或者，也可以先出脫一半持股確保獲利。

❤〔實例解說〕東邦鈦金屬

東邦鈦金屬（東京證交所一部 5727）日線圖

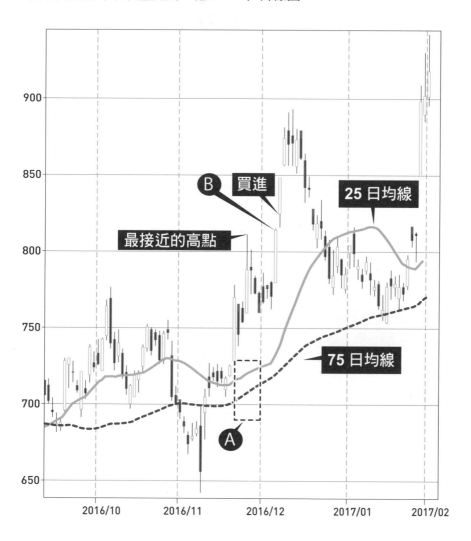

買追後遇急漲，可儘早獲利了結

次頁的圖表是精工控股的日線圖。

第一步：日經平均指數在 2016 年 11 月 14 日符合所有三個條件

第二步：在 Ⓐ 點處完全符合個股的條件 1 和條件 2

第三步：在 Ⓑ 點處出現長紅 K 線，收盤價漲破最靠近的高點 421
　　　　日圓

第四步：漲破最接近的高點後，在下個交易日開盤時，以 435 日
　　　　圓買進

　　買股後當天以及隔天，股價都上漲。在 2016 年 12 月 12 日到達
472 日圓高點後，股價就轉跌了。買進後一急漲，就算只有一點利潤，
還是獲利了結吧。在本例中，買進當天與隔天，短短兩天裡就創下約
30 日圓左右的利潤，應該已經很夠了。

❤〔實例解說〕精工控股

精工控股（東京證交所一部 8050）日線圖

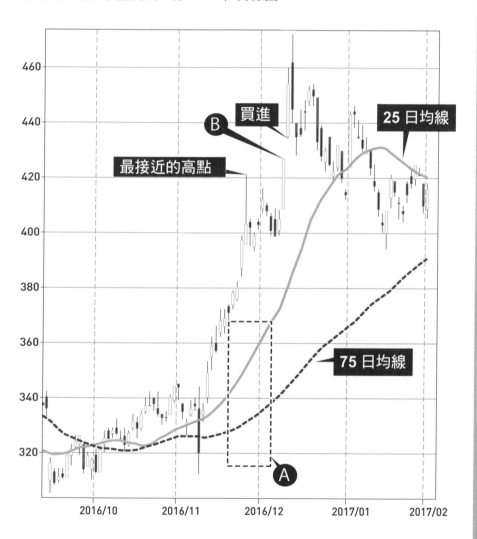

次頁的圖表是出光興產的日線圖。

第一步：日經平均指數在 2016 年 11 月 14 日符合所有三個條件

第二步：在 **Ⓐ** 點處完全符合個股的條件 1 和條件 2

第三步：在 **Ⓑ** 點處跳空開高，收盤價漲破最靠近的高點 2647 日圓

第四步：漲破最接近的高點後，在下個交易日開盤時以 2800 日圓
買進

買股後當天起股價就一點一點上漲，在 2017 年 1 月 27 日到達 3605 日圓的高點。從圖表上看，**Ⓒ** 點處出現長黑 K 線。由於這根黑線，線圖的形狀變差了。要是到這時還持有股票，就還是賣掉吧，雖然股價在那之後漲了。

❤〔實例解說〕出光興產（東京證交所一部5019）

出光興產（東京證交所一部 5019）日線圖

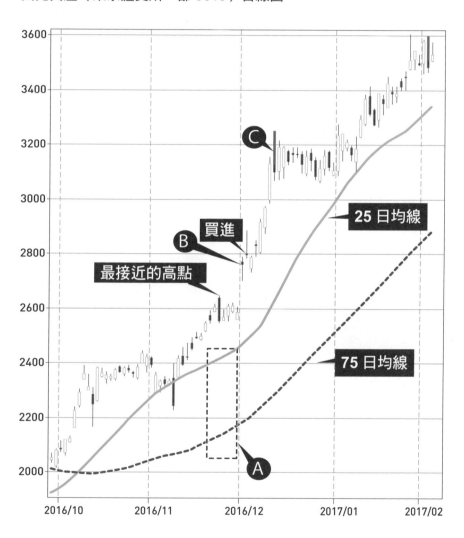

7

練習題

何處是最佳買股時機？

- 〔**問題 1**〕

次頁的圖表是東京個別指導學院的日線圖。

假如利用在第四天課程介紹的、使用日線圖的波段交易手法，哪裡是買股的時機點？

※ 日經平均指數在 2016 年 11 月 14 日符合所有三個條件

❤ 〔練習題〕東京個別指導學院

東京個別指導學院（東京證交所一部 4745）日線圖

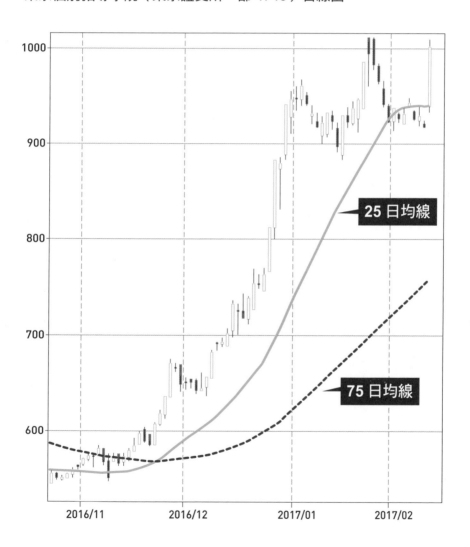

- 〔答案〕

  Ⓒ 點處

- 〔解說〕

在 Ⓐ 點處完全符合個股的條件 1 和條件 2（第二步）。

股價尚未進入高價圈（第三步）。

在 Ⓑ 點處出現長紅 K 線，漲破最靠近的高點 675 日圓（第四步）。

漲破最接近的高點後，在下個交易日開盤時的 Ⓒ 點買進（692 日圓）。買股後，股價上漲，在 2017 年 1 月 25 日到達 1011 日圓高點。

短期間漲了滿多的。當然，並非總是會像這樣漲這麼多。

在實際交易時，就找買進後出現長紅 K 線時，或是在跳空開高的地方獲利了結吧。

❤〔答案〕東京個別指導學院

東京個別指導學院（東京證交所一部 4745）日線圖

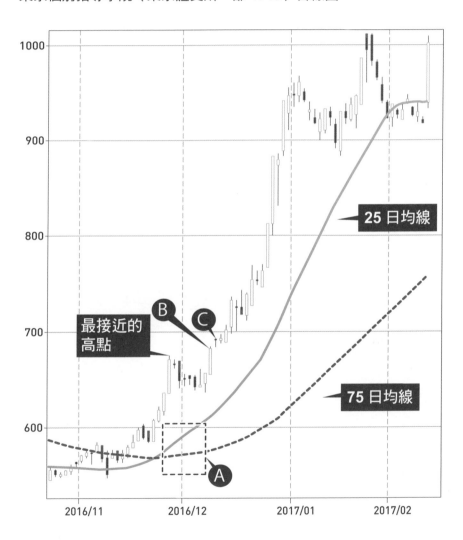

鎖定急漲第一天的
個股做當沖

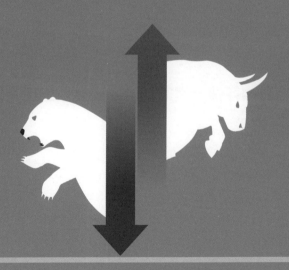

1

如何才能在當沖中持續獲利

第五天要介紹當沖的手法。

所謂當沖就是，當天完成買賣的交易。買進的股票，在當天內賣掉。至於時間快慢，從幾秒後到幾小時後都有可能。一買就馬上賣掉也很常見的。這種時候，持股時間就只有短短幾秒。

鎖定股價的漲幅，視行情狀況與手法而有所不同，也常有只鎖定一圓漲幅的情形。

• 整體行情上漲時出手才安全，但也有例外

2003 年到 2005 年間，興起當沖風潮，很多人都變成了當沖客。那時因當沖而大賺的人也不少。

但這些在當時大賺的人，絕大多數似乎都在後來的下跌行情中，把賺到的錢都賠掉了，然後他們就離開了股市。還有當沖客明明賺了好幾億日圓，卻賠得一點都不剩的。

當時大賺其財的人，確實絕大多數都擁有憑藉著「當沖」操作賺到錢的技術與手法。

只是，那些都只適用於大盤在上漲走勢時而已。當行情一轉跌，他們就突然賺不到利潤了，因為那套方法只有在單純的上漲走勢中才賺得到錢。

要想讓交易沒有虧損，就必須只限定在「大盤處於上漲走勢時」交易。但在進行當沖時，要只在「大盤處於上漲走勢時」進行交易，是很困難的。因為，我們不可能好幾個月什麼都不做，只為了要等待大盤進入上漲走勢。

因此，必須在大盤不屬於上漲走勢時也做交易。當然，要好好釐清風險，還得要控管風險，才可能持續獲利。

我也是在當沖熱潮時開始做當沖的，在那之後一直取勝至今（以月為單位）。由於我已經確立了一套當沖手法，只要股市的交易體系沒有太大的改變，我就有自信能夠一直贏下去。

2

當沖應買賣何種個股為宜？

一些剛開始做當沖的朋友，常問我這樣的問題：

「要買賣什麼樣的個股才好呢？」

股市有許多個股，因此，很多朋友完全搞不清楚該買哪一支好。

當沖買賣要找「價格變動大的個股」。在一天這麼有限的時間內，假如價格變動幅度不大，當沖就很難獲利。要是以價格變動小的個股為交易對象，就很難有什麼價差。就算買了，也會因為價格沒什麼改變，到頭來變成還是以買價賣掉，白白虧了買賣手續費。反之，要是以價格變動大的個股為交易對象，就算在一天有限的時間內，價格還是可能有一定的變動幅度，可以賺取價差。從買進到收盤時間為止，價格通常不致於都沒變動。

當然，在第一天的課程中提到的「兩個條件」固然重要，除此之外，「價格變動大」這個條件也會變得很重要。

❯ 當沖的個股選擇

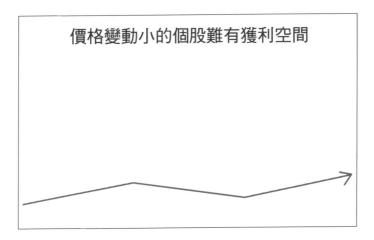

價格變動小的個股難有獲利空間

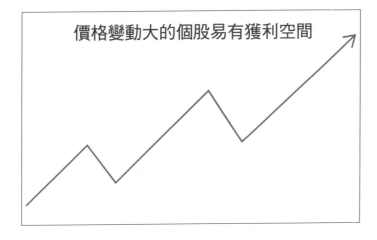

價格變動大的個股易有獲利空間

POINT 當沖若以價格變動大的個股為交易對象，易有獲利空間

111

3 高股價區的個股避之為宜

當沖交易的買賣，要找「價格變動大的個股」。

並不是任何價格變動大的個股都可以。在價格變動大的個股當中，也有風險極高的個股，必須要多加提防。

尤其需要提防的是，股價位置已經在日線圖中進入高股價區的個股。股價一進入高股價區，就會有「價格變動大」的習性。因此，如果只因價格變動大就買，剛好落在高股價區的範圍內可能性並不低。位於高股價區的個股，急跌或大跌的風險就會變高。

針對這一點，在第二天課程中說明過了，在此舉例說明。

第 114 頁的圖表是神戶發動機的日線圖。

短期間內，股價從 70 多日圓處大漲。由於漲破 140 日圓，一天的振盪幅度變得很大。在有些交易日中變成長上影線，或是變成長黑 K 線。這意味著急跌或是大跌。

像這樣，處於高股價區的個股，急跌或大跌的風險會變高。

❥ 位於高價圈的個股適合做當沖嗎？

神戶發動機（東京證交所二部 6016）

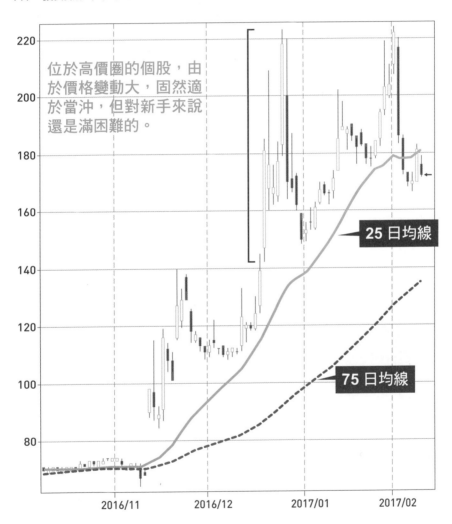

位於高價圈的個股，由於價格變動大，固然適於當沖，但對新手來說還是滿困難的。

25 日均線

75 日均線

「有沒有能夠鎖定高股價區個股的當沖交易手法呢？」

確實也有這樣的手法存在。「突破手法」就是一種知名手法。也就是「在高股價區當寫下新高價時就買進，再次突破新高價時就賣出」的手法。

多數當沖客會連在高股價區範圍內的個股也交易，我個人也一樣。因為價格變動大，容易獲利。

若已具備有控管風險的技巧，要買賣位於高股價區的個股，也沒關係。但如果沒有控管風險的技巧，就有虧大錢的可能。

到學會這樣的技巧，能夠穩定獲利之前，最好還是避開高股價區的個股。

4

鎖定急漲第一天的個股做當沖

　　把到此為止的說明內容整理一下，可知要鎖定的是符合以下兩個條件的個股：

1. 價格變動大的個股
2. 不在高股價區的個股

　　當然，這樣的篩選還不夠。這些只是最低限度的條件，我個人要提倡的是「在當沖時，再把範圍縮小到急漲第一天的個股」。

　　例如，像下頁圖表那樣的個股就是。股價約莫持平推移，在箭號處開始急漲。這就是急漲的第一天。

　　之所以要推薦這樣的個股，原因在於「跌幅有限」。

　　不消說，股價的位置不在高股價區。我們固然不清楚它是否處於股價「低點（低價圈）」，但毫無疑問並不在高股價區。

　　當然，在日線圖中，急跌的風險或是大跌的風險，相對就比較低。

❯ 鎖定急漲第一天的個股

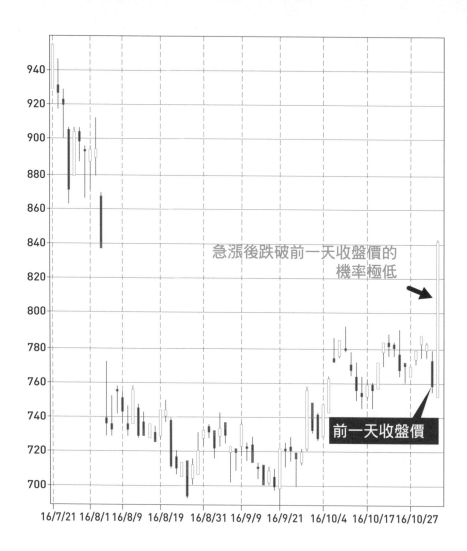

急漲後跌破前一天收盤價的
機率極低

前一天收盤價

POINT 急漲第一天時，跌破前一天收盤價的機率極低

5

以低風險鎖定高報酬的
交易法

急漲第一天時，從 5 分鐘線圖來看，視當天的漲幅不同，可能會有急跌或大跌的風險。但其幅度是有限的。

像這種急漲第一天的狀況下，就算買進後股價下跌，也幾乎不太會跌破前一天收盤價。就算跌破前一天收盤價，其跌幅也很有限。只要沒露出什麼負面消息，是不會大幅跌破前一天收盤價的。

這可以說是一種風險很低的狀況。但是卻有報酬變多的可能性。畢竟是急漲第一天，上漲空間可以說是很大的。也就是：

報酬＞風險

當大盤處於上漲走勢時，當天也經常會漲到漲停為止。此外，上漲也可能持續好幾天。

原本只是想要做當沖才買進的，要是股價大漲，那就別賣，轉為做「波段交易」也可以。

沒人規定非得做當沖不可，切換為波段交易也行。這麼一來，就有大幅獲利的可能性。

　　我個人也是，就算原本買進急漲第一天的個股是為了做當沖，但要是漲勢持續，我也會改做波段交易。我也曾因而在幾天內大賺。

　　當沖時鎖定急漲第一天的個股，是一種力求實現低風險、高報酬的手法。

❤ 為什麼要鎖定急漲第一天的個股

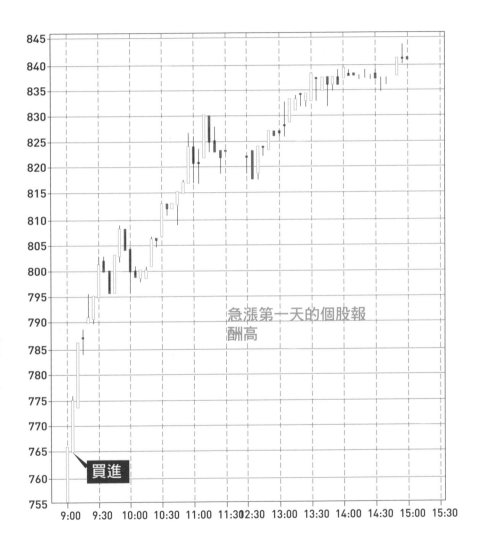

急漲第一天的個股報
酬高

買進

POINT 之所以要鎖定急漲第一天的個股，原因在於「跌幅有限」

6

用急漲第一天個股做當沖

那麼，來說明一下，如何用急漲第一天的個股做當沖。

第一步：找尋當天價格變動大的個股。

第二步：確認該個股在日線圖中是不是急漲第一天。

第三步：等待該個股在 5 分鐘線圖中出現長紅 K 線。

第四步：以長紅 K 線結束處的價格或是下一條 K 線開始處附近的
　　　　價格買進。

這套手法簡單講就是，要利用急漲第一天的個股在急漲時趨勢。
這是「利用價格變動的趨勢」，這種做當沖時的基本手法。「第三步」
的「長紅 K 線」就是顯示出該個股急漲的 K 線。

光看文字說明可能還不夠清楚，就用實例來說明一下。

❖ **以急漲第一天的個股做當沖的手法之步驟**

| 第一步 | 找尋當天價格變動大的個股 |

| 第二步 | 確認該個股在日線圖中是不是急漲第一天 |

| 第三步 | 等待該個股在 **5** 分鐘線圖中出現長紅 **K** 線 |

| 第四步 | 以長紅 **K** 線結束處的價格或是下一條 **K** 線開始處附近的價格買進 |

〔實例解說〕
急漲第一天的個股當沖

那麼，就來用實例說明一下急漲第一天個股的當沖手法。

下頁圖表是 JUKI 的日線圖與五分鐘線圖。前一天收盤價為 759 日圓。

第一步：這天從開盤（開始交易）就漲，也進入當天的上漲率排行榜。價格變動大，所以列為候選交易標的。

第二步：請看下頁上方的日線圖。雖然在那之前不久都一直漲漲跌跌，但因為幅度比較小，所以可以看成當天才是「急漲第一天」。

第三步：請看 ❹ 點處。在 5 分鐘線圖中出現長紅 K 線。

第四步：長紅 K 線結束處的價位是 766 日圓。以下一條 K 線開始處的 765 日圓買進。

其後，股價一直漲到收盤時間為止。當天收盤價為 841 日圓。在實際交易中，會在收盤之前的某個時點獲利了結。

❤〔實例解說〕JUKI（東京證交所一部 6440）

JUKI（東京證交所一部 6440）日線圖

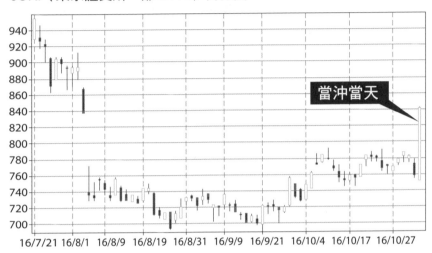

當沖當天

JUKI（東京證交所一部 6440）5 分鐘線圖

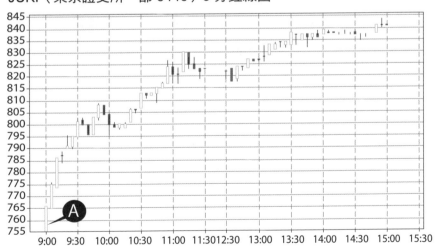

當沖的最佳點位

下頁的圖表是堀田丸正的日線圖與五分鐘線圖。前一天收盤價為100日圓。

第一步：這天從開盤後不久就漲，也進入當天的上漲率排行榜。
價格變動大，所以列為候選交易標的。

第二步：請看下頁上方的日線圖。雖然在那之前不久都一直漲漲跌跌，但因為幅度比較小，所以可以看成當天才是「急漲第一天」。

第三步：請看 Ⓐ 點處。在 5 分鐘線圖中出現長紅 K 線。

第四步：以長紅 K 線結束處的價位，或下一條 K 線開始處價位買進。在本例中二者都是 117 日圓。

買進後，股價略為下跌但又回漲，一直急漲到 144 日圓。在到達此一高點之前獲利了結。

❤〔實例解說〕堀田丸正

堀田丸正（東京證交所二部 8105）日線圖

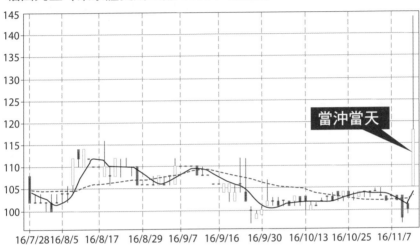

堀田丸正（東京證交所二部 8105）5 分鐘線圖

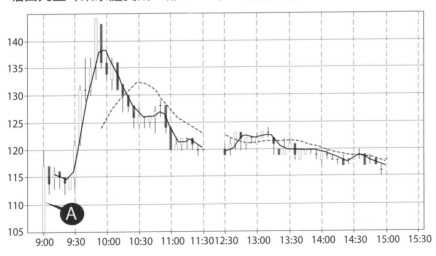

做當沖，適時獲利出場

　　請看下頁的圖表。這是明治機械的日線圖與五分鐘。前一天收盤價為 146 日圓。

第一步：這天從開盤起慢慢上漲，也進入當天的上漲率排行榜。
　　　　價格變動大，所以列為候選交易標的。

第二步：請看下頁上方的圖表。這是明治機械的日線圖。在那之
　　　　前不久都一直漲漲跌跌，但因為幅度比較小，所以可以
　　　　看成當天才是「急漲第一天」。

第三步：請看 Ⓐ 點處。在 5 分鐘線圖中出現長紅 K 線。

第四步：以長紅 K 線結束處的價位，或下一條 K 線開始處的價位
　　　　買進。在本例中二者都是 162 日圓。

　　股價在 9 點 45 分左右急漲到 187 日圓，可以在到達此一高點前獲利了結。

❤〔實例解說〕明治機械（東京證交所二部6334）

明治機械（東京證交所二部 6334）日線圖

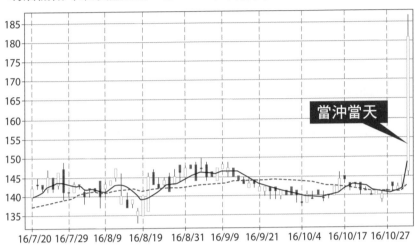

當沖當天

16/7/20 16/7/29 16/8/9 16/8/19 16/8/31 16/9/9 16/9/21 16/10/4 16/10/17 16/10/27

明治機械（東京證交所二部 6334）5 分鐘線圖

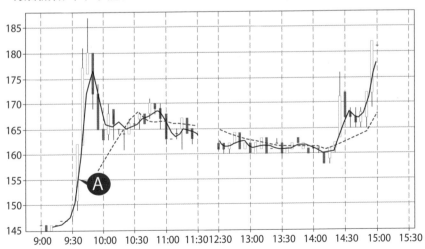

當沖時，抱股抱到漲停

下頁的圖表是 Sophia 控股的日線圖與五分鐘線圖。前一天收盤價為 156 日圓。

第一步：這天雖然從開盤後幾乎沒動靜，但在午盤收盤前急漲，也進入當天的上漲率排行榜。價格變動大，所以列為候選交易標的。

第二步：從日線圖可知，雖然在那之前不久都一直漲漲跌跌，但因為幅度比較小，所以可以看成當天才是「急漲第一天」。

第三步：請看 Ⓐ 點處。在五分鐘線圖中出現長紅 K 線。

第四步：以長紅 K 線結束處的價位 179 日圓，或是下一條 K 線開始處的價位 177 日圓買進。

買進後，股價急漲，一直急漲到漲停的價位 206 日圓為止。看是要在到達此一高點前獲利了結，還是要一直抱股抱到漲停為止，但這樣的話，再抱到隔天也行。

❤〔實例解說〕Sophia 控股

Sophia 控股（東京證交所 JASDAQ 6942）日線圖

Sophia 控股（東京證交所 JASDAQ 6942）5 分鐘線圖

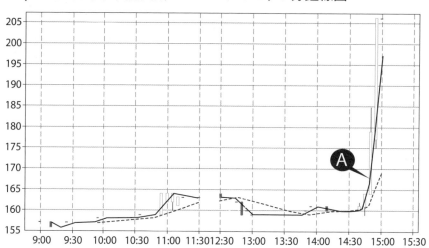

8

練習題
何處最適合做當沖？

• 〔問題1〕

　　下頁的圖表是安橋的五分鐘線圖。若要運用第五天課程介紹的當沖手法，買股時機點在哪裡呢？

　　※ 這天是急漲第一天

〔練習題〕安橋

安橋（東京證交所 JASDAQ 6628）5 分鐘線圖

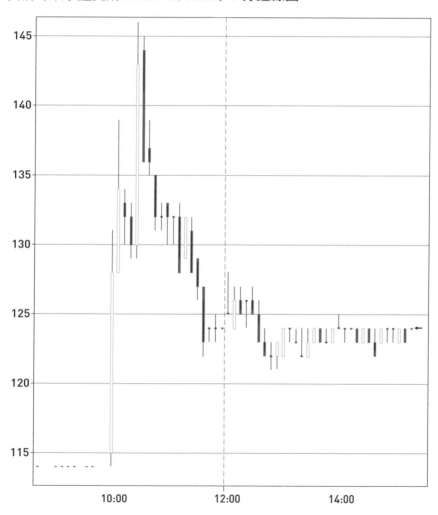

- 〔答案〕

Ⓑ 點或是 Ⓒ 點處

- 〔解說〕

Ⓐ 點處出現長紅 K 線（第三步）

若要以長紅 K 線結束處的價位買進的話就是 Ⓑ 點處，若要以下一條 K 線開始處的價位買進的話就是 Ⓒ 點處。這時二者的買進價位都是 128 日圓。

買進後不久，股價急漲到 138 日圓（ Ⓓ 點處），其後一度跌回買進價附近。在實際交易中，看是要在到達 Ⓓ 的高點前出售所有持股獲利了結，或是也可以只出售一半持股獲利了結也行。

❯ 〔解答〕安橋

安橋（東京證交所 JASDAQ 6628）5 分鐘線圖

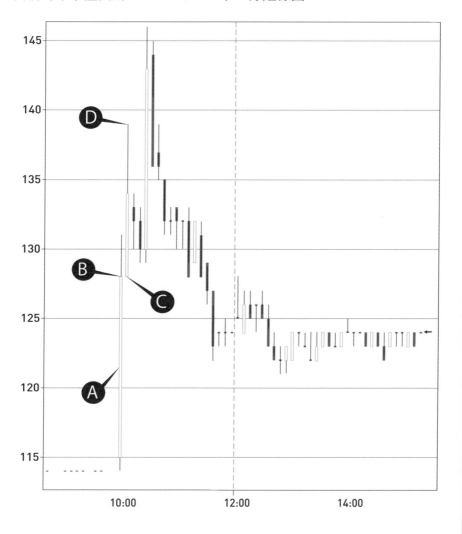

第**6**天

藉由停損控管風險

1

以停損控管風險

股票投資或交易,不可能百戰百勝,一定有些交易會虧損。

要控制這種虧損,停損是很有用的。

停損在股票投資或交易中是一件很重要的事,因此在此要詳加說明一下。

所謂的停損就是「把虧損止住」。把出現潛在虧損的持股或是尚未結算的信用交易清算掉,讓虧損金額確定下來。

例如,假設你以 300 日圓的價位買了某支股票 1 萬股好了。後來,股價跌到 295 日圓。這時你放棄對獲利的期待,把持股賣掉。你每一股的虧損金額為 5 日圓,一共虧 5 萬日圓(為便於說明,不考慮手續費)。

為什麼明知會虧損,還要把股票賣掉呢?

原因在於,要把風險控制在有限範圍內。

賣掉股票後,不管股價再怎麼跌,虧損金額都不會增加。以這個

例子來說的話，就算股價再從 295 日圓往下跌，跌到 280 日圓，虧損金額也還是不會增加。因為已經確定就是虧 5 萬日圓了，這也是必然的。講極端一點好了，就算股價跌到變成 1 日圓，虧損金額也不會變多。

「可是，假如不把股票賣掉，繼續持有下去，也有可能變成獲利不是嗎？」

應該有人會這麼覺得吧。確實，只要繼續持股下去，股價是有可能反彈，變成獲利的。但反之，股價也有可能繼續跌，讓你的虧損擴大。

在股票投資或交易中，有幾個能夠持續獲利的訣竅。其中之一就是這個。

• 不要在一次的交易中造成太大虧損

例如，假設你在五次的交易中各賺 3 萬日圓好了。一共是 15 萬日圓的獲利。但假如你在下一次的交易中虧了 30 萬日圓，不但你的獲利消失，還多虧了 15 萬日圓。

或許你會覺得「哪有誰會做那麼蠢的交易啊？」

但真的就有這樣的人，而且還很多。

就算股價跌了，他們還是覺得「應該差不多要反彈了」、「我就再忍耐一下」，而持續保有股票。

其結果是，他們的潛在虧損變大了，也就是可能在一次的交易中就虧大錢。一旦潛在虧損變多，心理上會更難以把股票賣掉。

因為，一旦賣掉股票，填補虧損的機會就消失了。只要持續保有股票，就有可能等到股價反彈，讓潛在虧損變少。但如果把股票賣掉，要是股價反彈，就無法減少損失。

要填補虧損，會變成必須靠另外的交易。由於不想要這樣，所以會變成沒辦法把股票賣掉。我想恐怕很多人都曾有這樣的經驗吧。

所以，停損要愈早做愈好，這是很重要的。

2

停損的標準

那麼，出現多少虧損（這裡指的是潛在虧損）時，應該停損比較好呢？

有沒有什麼「標準」或是「基準」呢？

以前不知有多少人問過我這個問題。我甚至已經算不清，我的朋友以及看過我著作的人，已經問過我多少次了。

此外，出版社的編輯人員，也不知道要求過我多少次「請你寫出一個讓讀者能夠理解的停損標準」。我記得我還曾經出於無奈，而真的寫了停損的標準。

對於那些無法穩定在股票投資或交易中獲利的人來說，確實會想要知道「停損的標準」吧。

但請容我明白地說，沒有什麼標準可言。

首先，每個人的交易型態以及交易環境，本來就不同。

有人看的是兩三日圓的漲跌幅，也有人看的是 100 日圓以上的漲跌幅。有人以 1000 股為單位買賣，也有人是以 10 萬股為單位買賣。有人的買賣資金是 100 萬日圓，也有人的買賣資金是 1 億日圓。

大家各自是在不同的條件下交易，所以沒辦法一概地說「只要跌這麼多就停損」或是「只要虧這麼多就停損」。

若真的需要一個停損的標準，那麼就請自己考慮自己的交易型態，自己訂出一個適用於自己的停損標準吧。

• 我的停損時機

那麼，我個人是如何決定停損時機呢？

以前我曾經自己訂定過停損標準，製作「停損說明書」。

「當我以這種手法交易時，只要比買價跌 5 日圓，就停損」或「當我以這種手法交易時，只要跌到比最低的低點還低，就停損」；我會像這樣依照交易手法的不同，決定不同的停損標準。

但最近的話，我就不是這樣了。以前，我會用「若比買進價格跌 5 日圓，就停損」這種標準，現在則會視狀況在跌 8 日圓時停損，或是也可能在跌 3 日圓時停損。我會針對行情的狀況做綜合性的判斷，再臨機應變。也就是根據大盤行情的動向以及個股當時的狀況等因素，決定停損的時機。

• 決定停損時機的判斷標準

我會視行情狀況，針對停損時機做綜合性的判斷。

但對於各位讀者朋友，我並不建議採用這種作法。因為，除非累積足夠的交易經驗，否則要視行情狀況針對停損時機做綜合判斷，是很困難的。

一直到各位學會能夠在股票投資或交易中穩定獲利的技術之前，請挑選以下任何一項，來決定你停損的時機：

1. 以跌幅決定
2. 以潛在虧損金額決定
3. 以圖表上的點位決定
4. 以股價指標（技術指標）決定

若要以跌幅決定，就設為「若比買進價格跌多少圓，就停損」（若為放空，則設為比放空價格高多少圓，做為停損標準）。

例如，像是「若比買進價格跌 5 日圓，就停損」或「若比買進價格跌 50 日圓，就停損」等等。由於只要知道股價就能馬上得知停損時機，所以我很推薦給新手。

若要以潛在虧損的金額決定，可以設為「當潛在虧損達多少圓時就停損」，例如，「當潛在虧損達 3 萬日圓就停損」或「當潛在虧損達十萬日圓就停損」等等。

　　若要以圖表上的點位決定，可以在股價達技術點位時停損。一般來說，會設成像是「跌破最接近的低點就停損」、「跌破趨勢線就停損」等等。若要以圖表上的點位決定停損點，勢必得知道「哪個地方算是點位」，否則選用這種方法就失去意義。因此，我覺得對新手來說會比較難。

　　若要以股價指標決定停損點，可以用股價移動平均線或 KD 隨機指標等技術指標。例如，可以設成「當股價跌破 25 日移動平均線就停損」或「當 KD 隨機指標出現死亡交叉就停損」等等。想當然耳，必須具備足以善用技術指標的技能。雖然股價移動平均線就算是新手也能馬上運用，但其他技術指標，就必須等學會相當程度的知識後，才可能運用。

　　若為新手，我建議就以跌幅或潛在虧損的金額決定停損時機吧。

3 跌停導致無法控管風險

我在本書第 50 頁處提到過漲停的事，各位還記得嗎？

漲停的狀況代表著，相對於下單想要買進的股數，下單想要賣出的股數極少，所以就算想要買進該支股票，也買不到。

但也有相反的情形存在。跌停的狀況代表著，相對於下單想要賣出的股數，下單想要買進的股數極少，所以就算想要賣出該支股票，也賣不掉。

所以，當你的持股變成跌停狀態時，就算你想停損，也會變成無法辦到。

例如，假設你以 300 日圓一股，買了 1 萬張的某支股票。這天的收盤價和你的買進價格一樣是 300 日圓。假設隔天，不知道為何，在開盤之前就出現大量賣單，導致交易無法成立，跌停到 220 日圓的價位。

在這個狀況下，才短短一天，就出現 80 萬日圓的損失。隔天又出現大量賣單，再次跌停，股價變成 140 日圓，變成才短短兩天，就出

現 160 萬日圓的損失，光是我所擬的「假設性」狀況，就已經這麼可怕了。

就算在你以 300 日圓價位買下 1 萬股時，設下了「只要跌到 290 日圓，我就停損」的標準，由於賣單股數遠高於買單股數，交易無法成立，你也就無法停損。

看著損失不斷擴大，你也只能祈求「希望我的損失能夠盡可能少一點」了。

像這樣的情形，現實中是可能發生的。

我自己過去也曾多次有過這樣的經驗，雖然我已經不記得是哪支股票了，但倒是記得自己因而夜不成眠。

之前不久，我看到有個人也碰到了這樣的情形，在推特上寫了推文。由於他以信用交易買下的個股連續跌停，遭到追繳保證金（在信用交易時券商要求加收保證金）。由於那個保證金的金額他實在付不起，所以在開盤時全數賣出，也似乎因此背了龐大的負債。由於他上傳了帳戶管理的截圖畫面及證券公司寄來的郵件內容，似乎是真有此事。只要從事股票投資或交易，就有可能被捲進這樣的狀況中。

• 如何避免跌停造成的損失？

雖然不太有確切的方法可以避免跌停造成的損失，但股票不要放

到隔天，將可大幅降低意外被捲入的機率。話雖如此，但對於要做股票投資的人或波段交易的人來說，就沒辦法這麼做了。

只要不把股票留到預定公布財報的日子，就能減低遭波及的機率。只是，這會變成必須放棄掉可能因財報數字亮眼而帶來的股價上漲。由於不清楚除了財報以外的負面題材何時會跑出來，要是午盤收盤後出現負面題材，就只能無可奈何地放棄。

假如是負面題材以外的跌停，有很高機率是可以避免的。注意：

1. 最近連續漲停的股票不要留著
2. 最近急漲的股票不要留著
3. 最近大漲的股票不要留著

只要遵守這幾點，因跌停的跌勢而遭波及的機率就會大減。

4

停損的思維

以前，每當在當沖中停損時，我經常會暫時覺得很焦躁，全身發熱或是一直流汗。其後的交易，我也常因而亂了步調，導致自己虧得更多。

但最近我已經不再焦躁。

當然，停損後，固然還是會有一種「想要把虧掉的錢再賺回來」的念頭，但我已經不再感到焦躁，也不再全身發熱或是在交易中亂了步調了。

這是因為我的想法變了。

不可能每戰必贏。

停損造成的虧損就當成必要費用。

說起來，本來就不可能每次交易都一定獲利。要是把獲利的交易視為「贏」，虧損的交易視為「輸」，也就是「不可能每戰必贏」。在時而贏、時而輸的過程中，逐步累積獲利。這才是交易。

這件事，就算是剛開始交易的人，也很清楚。我以前也是如此。但一旦虧錢，這件事在腦子裡就會不知道跑到哪裡去了。明明可以認同這個道理，卻不知為何就是做不到。

但是最近，我已經既能認同，也能做到了。

另外，我也開始「把停損造成的虧損當成必要費用」。要說到交易中的必要費用，包含電腦以及資訊費等等。所謂資訊費就是，為了網路上的付費資訊，或是為購買刊登圖表的雜誌等等所付的費用。

除此之外，我也認為停損造成的虧損屬於必要費用，「停損是為了在交易中獲利而必須做的事」或「停損造成的虧損是在交易中獲利的必要費用」。

就算花了必要的費用，只要最後的總結算能夠獲利，也就行了。就算停損，整體來說有獲利就行了。

假如吝於花這筆「停損的必要費用」，勉強交易下去，是極其危險的，有可能因而造成莫大的虧損。

只要能建立起「要善用停損這個必要費用，創造獲利」這樣的想法，就算停損，也可以變得不再焦躁，全身發熱，或是在交易中亂了陣腳。

• 一旦虧了大錢

虧大錢時，有幾件事絕對不能做。

其一是「馬上想要賺回來」。

虧大錢會覺得不甘心，會想要馬上把錢賺回來，而且還會想要把所有的的虧損金額都賺回來。例如，在一次的交易中虧了 30 萬日圓，就會想要馬上賺回 30 萬日圓。

於是，不是交易的金額變大，就是交易的股數變多，或是在未能看清風險之前就買股。

這麼做的結果，基本上都會導致自己虧更多下去。

當然，也是有順利實現的可能。因為交易的股數增加而一口氣把虧損金額補回來，這是可能的。

但一旦如此順利，當下次又虧大錢時，又會做同樣的事想要補回來。這麼一來，總有一天一定會失手造成高額虧損的。

我自己也是會碰到被急跌的走勢波及，出現意想之外龐大虧損的情形。

這種時候，我都會採取以下兩個作法：

1. 接受虧損這件事
2. 只打算賺回當天虧損額的一部份就好

首先，要先接受自己虧了錢這件事。要讓自己的心裡能夠接受，「好久沒這樣出包了呢。沒關係，在交易當中無論再怎麼小心，一定會都會碰到這種事，也沒辦法。」

接著，只打算在當天的虧損金額當中，賺一部份回來就好。不是虧損的所有金額，而是一部份。例如，「今天我就賺三分之一回來就好，不要全部」。雖然說真的會想在當天就把所有虧損金額都賺回來，一旦抱持這樣的想法，就容易勉強出手交易，所以要告訴自己說「賺一部份回來就好」。

第**7**天

股票交易
如何趨吉避兇

1

讓今天的交易如預期般順利

我每天早上在快要開盤前，一到 8 點 55 分左右，就會對自己喊話。

在小孩出生前，我的喊話比較強勢：「今天也要大賺特賺。到收盤之前，給我賺個夠！」

但最近的自我喊話就不同了。

「今天的交易也不要有意外吧！」

為何好像變成哪家工廠或作業第一線的朝會喊話了呢？

一開始，我喊的是「讓今天的交易也全無意外吧！」，但聽來不太順，所以後來才改成「讓今天的交易也不要有意外吧！」。

這裡講的意外，指的是「遭到急跌波及」。「讓今天的交易也不要有意外吧」指的是，「在做當沖時不要因為被急跌波及而虧損」。

在交易中我最害怕的就是急跌——買進的股票的股價急跌。

一旦急跌，不但無法照原本設定的股價停損，還可能虧大錢。

就算我買進的股票股價下跌，假如是緩跌，就能在設定好的跌幅處停損。例如，假設我以 300 日圓價位買進某支股票。就算股價跌了，以 299 日圓、298 日圓、297 日圓這種緩慢跌法的話，還是可以在我設定好的股價處賣出。若我設定好「一旦跌到 295 日圓就停損」，我就能在那個股價停損。

但一旦股價急跌，就有可能無法在我決定好的股價處停損了。例如，我以 300 日圓價位買了某支股票，並設定「一旦跌到 295 日圓就停損」，但如果從 300 日圓直接急跌到 290 日圓，我就無法以 295 日圓賣出了。就算趕忙下賣單，能否在 291 日圓賣出都是疑問。

一旦買進的股票出現股價急跌，導致無法在設定好的股價處停損，帶來的的損失就會變大。

也就是變成「無法控管風險」的狀態。這正是我所害怕的。

為了盡可能不要被急跌所波及，每天早上開盤前不久，我都會自我喊話：「讓今天的交易也不要有意外吧！」

• 減少意外的方法

那麼，如何才能避免意外發生呢？

其實，急跌是無法完全避免的。我個人做當沖也有十七年以上了，當沖的勝率固然維持在八成以上，但一個月我還是會被急跌波及到幾

次。「絕對不會被急跌波及的交易」，可以說是很難出現的。

但如果我們多當心，還是可以把被急跌波及的機率降到很低。

這樣的方法，我已在本書介紹很多種了。

1. 在圖表上確認股價位置
2. 不買股價位置太高的股票
3. 不買前不久連續漲停的股票

不過，以我個人來說，因為是靠當沖維持生計，所以我不能把所有股價位置較高的個股，全部都排除在交易對象之外。

因此，對於股價位置高的個股，我會依照以下原則交易：

1. 把指定的買進價位訂在比平常低的水準
2. 股數買少一點
3. 只要漲一點就獲利了結
4. 只要覺得漲不起來就馬上賣掉

用限定特定價位的方式買股時，將限定價位設得比平常還低，就能避免被急跌波及，就算遭波及也可以減少損失金額。

例如，你可以出 300 日圓買，但你設定在 295 日圓價位買進。若急跌到 290 日圓，那你每股就只虧 5 日圓，可以少虧一些。

此外，買進的股數少一點，就算被波及，也可以減少損失金額。

　　例如，你原本都買 1 萬股，但你設為只買 5 千股。要是急跌，損失金額就只有一半而已。

　　買股後，持股時間愈長，遭急跌波及的機率就愈高。因此，無論股價漲或跌，都要盡早賣掉。只要漲一點點，就獲利了結。

　　例如，平常要等漲 10 日圓才獲利了結，變成漲 5 日圓就獲利了結。另外，為縮短持股時間，只要覺得漲不起來，就馬上賣掉。

　　像這樣子交易的話，遭急跌波及的機率就會變低。

　　即使如此，每個月我還是會遭急跌波及個一、兩次。但我把這看成是「無可奈何的事」。

2

就算大盤行情大漲，仍有風險

一年中會有幾天，大盤行情比前一交易日大漲。像這樣的日子，靠當沖獲利的機率會比較高嗎？

其實，無法因此就說獲利的機率會比較高。反倒可能因為難以做當沖，而導致無法獲利。

我個人很擅長在大盤行情下跌的交易日做當沖，跌得愈多，獲利愈高（從我過去的實際戰果來看是如此）。

但在大盤大漲的日子，我就很不擅長做當沖，獲利也比較少。我最不擅長操盤的是，一早開盤時大漲，其後差不多都持平，然後又慢慢走跌的那種行情。

來舉一個實際例子吧。158 頁的圖表，是日產汽車的 5 分鐘線。日期是 2016 年 11 月 10 日，是美國總統大選結果底定，日經平均指數暴跌的隔天。

這天，大盤行情開盤就走高，日經平均指數比前一天漲 900 點以上（收盤價比前一天漲約 1080 日圓）。

日產汽車從開盤就比前一天漲 46.7 日圓，然後下跌，一度跌到前一天收盤價附近，後來沒有太多反彈，這種變動讓買進的當沖客很難獲利。

考量到平均指數漲了 1000 多點以上，這支身為成分股之一的股票，價格卻動得不漂亮。

像這種案例並不因為大盤行情比前一天大漲，就代表著所有個股都大漲。而且，也不代表當沖必定很容易獲利。

由於大盤大漲也一樣還是有風險在，要先仔細明辨風險再巧妙地進行交易。

❥ 大盤大漲也不代表一定就能獲利

日產汽車（東京證交所一部 7201）五分鐘線

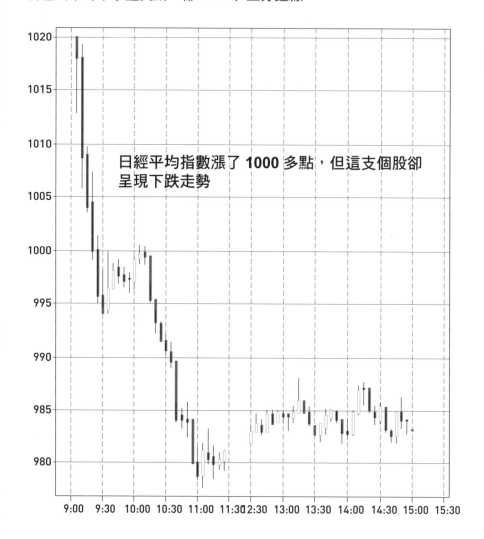

日經平均指數漲了 **1000** 多點，但這支個股卻呈現下跌走勢

3

以平均指數的跌幅多寡 來得知投資人的心理狀況

平均指數是用於判斷股市行情狀況的標準。

隨著交易經驗的累積，光看平均指數的動向，就能得知投資人或交易人的心理狀況。

尤其是與前一交易日相比的下跌幅度，可以看出投資人或交易人的心理，以及據以採取的行動，乃至於行情會變成怎麼樣。

以下是我的見解。

• 平均指數比前一天跌 0 至 200 點

跌 200 點左右是很常見的，可以看成心裡感到不安的投資人或交易人並不多。

反之，由於這是在等反彈賺一筆的交易人會想要買進的時機點，因此會出現不少買單。尤其是那些先前不久才大漲的個股，會聚集許多想靠反彈賺一筆的交易人，呈現活絡行情。因此，後來真的反彈，

且反彈幅度不小的狀況也不少。對於鎖定反彈經驗豐富的交易人來說，這是很好交易的狀況。對我來說是我很擅長利用的狀況。

此外，不知為何，在這種程度的跌幅下，都會出現一些交易人，堅定地搶著買股價下跌的個股，使得股價墊高。或許是「便宜，不買就虧了」的心態使然吧。

• 平均指數比前一天跌 200 至 300 點

日經平均指數一旦跌幅超過 200 點，略感不安的投資人或交易人就會慢慢變多。但是也有一些當沖客會暫時不做當沖。

由於鎖定反彈的交易人略為變少，反彈的情形也略為變少，反彈的幅度也變小了。

但對於鎖定反彈的經驗豐富的交易人來說，這依然是易於獲利的狀況。

• 平均指數比前一天跌 300 至 500 點

一旦日經平均指數比前一天跌超過 300 點，多數投資人或交易人都會感到不安。

似乎許多當沖客也會暫時不做當沖。

此外，出售持股的投資人或交易人會變多。尤其是持股尚有潛在利潤，尚未落袋為安的帳面上的利潤的人，會想要賣股，至少多確保一些獲利。

也有人在這時新買股，但只要沒出現反轉走勢，不會再多買。由於股價一直跌，以低價保有持股還是比再追購來得聰明。

由於鎖定反彈的交易人變得很少，也很少會出現反彈走勢，反彈的幅度也變得更小。

但我在這種狀況下，還是能夠穩穩創造獲利。反而是我擅於利用的狀況。

• 平均指數比前一天跌 500 點以上

一旦日經平均指數比前一天跌 500 點以上，似乎絕大多數投資人或交易人都會變得不安。

在手中有持股的投資人或交易人當中，會有人驚慌售股。很少會有反彈的走勢，反彈的幅度也變得更小，也可能幾乎都不反彈了。

此外，下跌速度很快，才一剛買進就出現莫大潛在虧損的情形也並不少見。

但我在這種狀況下還是能穩穩創造獲利。是我非常擅於利用的狀況。

　　缺乏技巧的當沖客，不要交易是比較保險的。

　　若想交易，最好鎖定幾天後的反彈，做波段交易。但風險很大，若繼續再跌，會出現大虧損。要多當心。

4

當平均指數的跌幅較大時，當天該不該交易？

日經平均指數的跌幅大的日子，是否不要交易比較好？或者，交易比較好呢？

這問題很難回答呢。由於涉及金錢，我不能隨便回答。要是我說「別交易比較好」而害人家失去獲利的機會，那不太好；但要是我說「交易比較好」而害人家虧錢，那也不太好。

不要交易是比較保險。

但交易就是這樣，你愈不交易，就愈難進步。無論行情如何都交易，累積經驗也是很重要的。無論是賺錢還是虧錢，總有一天經驗會派上用場。

所以，若從累積實戰的角度看，在日經平均指數跌幅大的日子，還是照樣交易比較好。

不過，要是你比較注重眼前的利益，而不是「一陣子過後」的話，在日經平均指數跌幅大的日子，不要交易比較保險。沒必要刻意在下大雨的日子去釣魚吧？等晴天再去就行了。同理，沒必要刻意挑在日

經平均指數跌幅大的日子交易，等到日經平均指數上漲的日子再交易就好。

關於交易還是不交易，就請各位自行判斷。

順帶一提，我個人是會交易的。不管跌得再多，也都一樣。

以下就介紹兩種在日經平均指數跌幅大的日子可採行的交易策略。

其一是，買進上漲的股票。

其二是，買進下跌的股票。

無論何者，在日經平均指數跌幅大的日子，都要徹底看準風險低的狀況再買進。

• 在平均指數跌幅較大的日子買進上漲的個股

那麼，來說明一下在平均指數跌幅大的日子採行的交易策略。

首先是買進上漲個股的策略。

平均指數的跌幅大的日子的交易策略❶	
買進	上漲的股票回跌後，在其再漲到當天的價格新高時買進。
停損	比原本高點的價位跌幾圓時賣出。

就算是在日經平均指數的跌幅大的日子，仍會有幾支漲勢佳的個股。鎖定這樣的個股買進，風險會比較小，也會比較好操作。

上漲的個股可以利用「上漲率排行榜」輕鬆找出來。所謂上漲率排行榜就是，和前一天比上漲率高的個股之排行榜。排名愈前面，上漲率愈高。

正在上漲的個股回跌後，在其創下價格新高時買進。

例如，假設某支個股漲到了 350 日圓好了。其後，下跌至 340 日圓（回跌）。然後在該股票再次上漲，漲到 351 日圓以上時就買進。

創新高的意思就是，其漲勢還沒結束。此外，也能夠清楚確知該股票處於上漲走勢當中。是一種低風險的狀況。

具體的買進時點，可以是「漲破高點時」或是「漲破高點時的五分鐘線確定後」這二者。

例如，若高點為 350 日圓，要在漲破高點時買進，就是漲到 351 日圓以上時買進；要在漲破高點時的 5 分鐘線確定後買進，那就是等 5 分鐘線的末尾價位確定後，在下一條 5 分鐘線的開頭價位附近買進。二者都是很容易操作的，都可行。

但考量到大盤氣勢較弱，可以說愈快獲利了結愈好。

停損的時機點，是在價位跌到比高點還低幾圓的時候。例如，若高點為 350 日圓，那麼就在跌至 346 至 349 日圓時停損。

• 平均指數較前一天跌 1000 點以上的日子，要鎖定反彈

另一個策略是鎖定反彈。

平均指數的跌幅大的日子的交易策略❷	
買進	當日經平均指數比前一天跌 1000 點以上時，買進超賣的個股。
停損	比買進價位跌幾圓時賣出。

日經平均指數比前一天跌 1000 點以上，是頗為容易反彈的狀況。

原因在於，有很多人會買進超賣的個股。有些個股可能因為交易人驚慌賣出而大跌。市場上會出現許多這種個股。看到這些個股，覺得「都這麼便宜了，我想買」的人變多了，也買進了股票。只要有人買，股價就會漲，變成了反彈。

當然，日經平均指數比前一天跌了 1000 點以上，幾乎沒有個股能夠從當天的最低價位大幅反彈的。即使如此，對當沖來說，獲利的程度還是挺夠的。能善加運用的話，短時間內獲得龐大利潤也是可能的。

事實上，我個人在大盤大跌 1000 點以上的日子，幾乎都是大賺。2016 年 11 月 9 日（美國總統大選結果出爐那天），我也是大賺。

過了下午一點時，日經平均指數比前一天跌了 900 多點，出現了

許多超賣的個股。我一一都買進了，就像是一種「來一個集一個」的感覺。

其後，等到日經平均指數反彈，超賣的個股，股價也回來了。其中有些個股還大幅反彈的。我就把其中的絕大多數都獲利了結。

而在日經平均指數比前一天跌 1000 點以上時，我又再次逐一買進超賣的個股。

其後，等到日經平均指數再次反彈，我只留下部份個股，其他獲利了結。我就是靠這樣子的運籌帷握而得以大幅獲利。

只要像這樣得知超賣的個股，就可能在日經平均指數比前一天跌 1000 點以上的日子，也照樣創造高額獲利。

交易經驗不多的人，最好別做當沖比較保險。

因為，你無法明確判斷什麼叫做「超賣」。必須要累積足夠的交易經驗，才可能徹底釐清一檔股票是否超賣。

股價也不一定會因為日經平均指數比前一天跌 1000 多點，就止住跌勢。超賣的個股，仍可能繼續被超賣下去。在這樣的狀況下，如何因應就頗為困難了。

❤ 只要知道超賣的個股，就能簡單獲利

日經平均指數 5 分鐘線

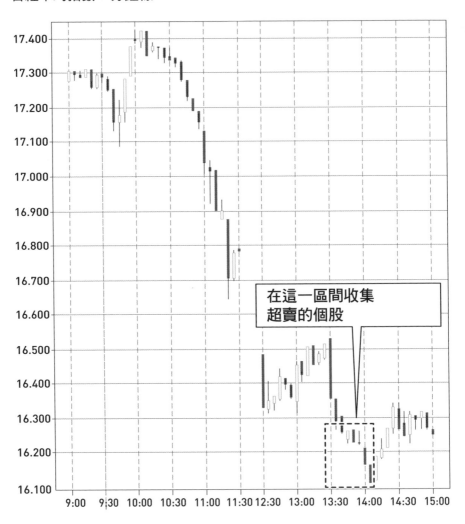

在這一區間收集
超賣的個股

5

易出現急跌的時間帶

在股市中，有些時間帶比較容易出現急跌。

以下我列出來的時間帶：

1. 開盤後不久
2. 快收盤前

開盤後不久是容易發生急跌的時間帶，最常見的型態是「急漲後的急跌」。和前一天收盤價差不多水準，或是以略貴的股價開盤後急漲。等到出現大賣單後就急跌。不然就是以委買賣價推移，以比前一天收盤價要高的股價開盤後不久，就因為出現大賣單而急跌。

早盤快收盤前也是容易急跌的時間帶。不過，並非任何個股都會如此，有可能急跌的是「不久前剛大漲過的個股」。特別是像下一頁的 JALCO 控股（東京證交所 JASDAQ 6625）那樣，早盤時一直跌跌不休的個股，就容易出現大賣單，必須多當心。

• 「OVER」的賣單數極多的個股要特別注意

在容易出現急跌的時間帶，假如「OVER」的賣出下單數比「UNDER」的買進下單數多很多，這支個股就要特別當心。

我想應該也有人不懂「OVER」與「UNDER」，所以在此簡單說明一下。

「OVER」與「UNDER」是顯示在板（指交易所掛出來的顯示買單與賣單股數的股價板）上的資訊。

二者各自表示以下的股數。

「OVER」：用比顯示出來的股價還高的價位下賣單的股數

「UNDER」：用比顯示出來的股價還低的價位下買單的股數

我舉例說明一下吧。

下頁的個股行情板是 JALCO 控股在 2016 年 12 月 7 日早盤收盤時的內容。

「UNDER」的（買進）下單數：9 萬 9200 股
「OVER」的（賣出）下單數：95 萬 3500 股
「UNDER」將近十萬股，「OVER」約 96 萬股，因此「OVER」的下單數大概是十倍於「UNDER」的下單數。差一位數。

❤ 早盤快收盤前要注意急跌

JALCO 控股（東京證交所 JASDAQ 6625）5 分鐘線圖

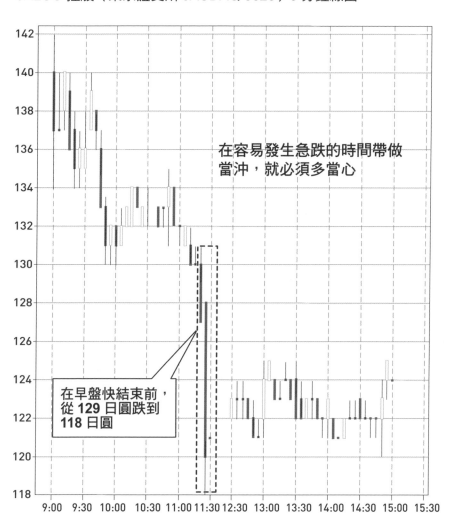

在容易發生急跌的時間帶做
當沖，就必須多當心

在早盤快結束前，
從 **129** 日圓跌到
118 日圓

在早盤的時候，這樣的狀況一直持續。

股價跌跌不休，而月在早盤快收盤時又出現大賣單。原本在 129 日圓前後的股價，一口氣跌到 118 日圓。

像這樣，「OVER」的賣出下單數遠高於「UNDER」的買進下單數的個股，會在易於出現急跌的時間帶跑出大賣單來而急跌，要多加當心。

• 在容易出現急跌的時間帶做交易

對於容易出現急跌的時間帶，我想各位已經能夠了解了。在這樣的時間帶，應該要如何交易才好呢？

針對「開盤後不久」，因為對當沖客來說是容易獲利的時間帶，要是退縮不前就沒賺頭了。所以只要在腦中知道它是「容易出現急跌的時間帶」就好了。

我希望各位當心的是「快收盤前」。在這些時間帶要設想如下這樣的交易：

1. 之前不久大漲過的股票，不要出於「鎖定反彈」而買進
2. 之前不久大漲過的股票，盡量不要用「限價下單」買進
3. 之前不久大漲過的股票，假如採用「限價下單」方式買進，要看狀況減少下單量、把價位訂低一點

❖ 要注意「OVER」多的個股

JALCO 控股（東京證交所 JASDAQ 6625）
個股行情板

「OVER」下單
數為 953,500 股

揭示賣量	委買賣價 市價	揭示買量
—		
953,500	OVER	
6,200	130	
2,200	129	
2,300	128	
9,500	127	
12,000	126	
6,900	125	
21,700	124	
3,800	123	
5,200	122	
10,300	121	
	120	1,100
	119	25,300
	118	19,700
	117	11,500
	116	10,200
	115	22,100
	114	2,300
	113	8,100
	112	6,000
	110	6,200
	UNDER	99,200

「UNDER」下單
數為 99,200 股

POINT 「OVER」下單數比「UNDER」下單數多的個股，容易出現大賣單

4. 之前不久大漲過的股票，若手邊有持股，要先減低持股

5. 之前不久大漲過的股票，買進後若有潛在虧損，就盡早停損

以上幾項都是針對「之前不久大漲過的股票」。除此之外的個股也可能會在這些時間帶急跌，但機率比較低，所以不必太過在意。

最好不要一味只想著要等反彈而買進。因為，「大家會擔心它再跌，所以多數人都不會在這相對高的價位就買進」。「多數人都不會在這相對高的價位就買進」，意思是「股價很難再漲」。就算有人覺得「都已經跌這麼多了，應該馬上就會漲個幾圓吧」而鎖定反彈，但還是可能因為它遲遲不漲而再次出現大賣單，或是出現出清賣單，導致股價跌得更深。所以，若在這些時間帶急跌，最好不要為了等它反彈而買進。

再來，之前不久大漲過的股票，盡量不要用「限價下單」買進。因為，跌幅很大，有可能一買進馬上就出現潛在虧損。

要是在這樣的時間帶，想要針對之前不久大漲過的股票，以「限價下單」買進的話，那下單量要少一點，價位要訂低一點。例如，假如你要下單買一萬股，那就下 5000 股就好，或是原本打算出 300 日圓，改出 295 日圓。

再來，之前不久大漲過的股票，若手邊有持股，要先減持。例如，若你持有一萬股的話，可以把其中 3000 股先獲利了結之類的。

　　還有，之前不久大漲過的股票，買進後若有潛在虧損，要盡早停損。大賣單未必只出現一次而已。有時候會連續出現第二次、第三次。所以一有潛在虧損，不要掙扎，趕快停損為宜。

6

由媒體報導
可觀察漲幅的天花板

想藉由股票投資或交易獲利的人固然很多，但實際投資或交易的人似乎還是不多。在我的周遭，絕大多數都是沒有投資或交易的人。

但雖然為數不多，也有人已經下定決心開始投入的。

原本一直講著「我是很想靠股票賺錢啦，但我不想虧錢，所以就不投資」的人，某一天可能突然告訴你，「其實我開始碰（投資／交易）股票了」。我就認識好幾個這樣的人。

他們開始碰股票的機緣，絕大多數都是媒體的報導。

「電視節目播了一個股票投資的專題」

「雜誌上製作了一個股票交易的專題」

他們似乎就是看了電視或讀了雜誌，而開始碰股票的。

在電視節目或雜誌的專題中，基本上都會報導因為股票投資或交易而賺到錢的人，所以看的人自然也會覺得「我或許也能藉由股票投資或交易而賺錢」「我也想要靠股票投資或交易賺錢」吧。

那麼，這些因為看了媒體報導而開始股票投資或交易的人，他們的盈虧狀況如何呢？是賺到了錢，還是虧了錢呢？

當然，我沒辦法找他們一個個來詢問盈虧狀況。但在我個人問得到的範圍內，有九成的人都虧錢，近幾年則是所有人都虧錢。

明明是在「安倍經濟學造成的股價上漲」那樣的絕佳條件下展開投資與交易的，為什麼虧錢的人會那麼多呢？既然股價漲了，應該所有人都賺錢也不奇怪才對吧？

簡單講，我的回答是，「因為他們買在股價相對高的價位」。

● 媒體報導的陷阱

電視節目或雜誌等媒體，會在什麼時候報導股票投資或交易的話題呢？

當股價不太有變動時，媒體幾乎不會針對股票投資或交易做報導。這種時候就算製作專題，由於觀眾或讀者對股票投資或交易不太關心，根本不會想要看。

媒體要做這樣的報導，畢竟還是會選在「股價變動大的時候」做，也就是股價大漲時或股價大跌時。

股價大漲時，媒體會做很多煽動大家對金錢欲望的專題報導，像

是「家庭主婦靠股票投資賺了 1000 萬日圓」、「靠股票交易把 1 百萬日圓變成 1 億日圓」等等。

股價大跌時，媒體會做很多促使大家感到「不安」或「恐懼」的專題報導，像是「日股暴跌」「全球股市同步下跌」等等。

那麼，「股票大漲時」與「股價大跌時」，何者的專題報導會讓看的人、讀的人想要開始投資或交易股票呢？

對股票大跌時的專題報導感興趣而開始玩股票的人，恐怕比較少吧。雖然從某個角度來說，股價下跌時買股，很難說不是一種睿智之舉。

多數人都是對股票大漲時的專題報導感興趣，才開始玩股票吧？

在我周遭，開始投資或交易股票的人，都是在股價大漲時，看到了媒體的報導。其中一人似乎對報導感到很在意，他說，「看到電視或雜誌上多次製作專題報導，會覺得現在如果不投資股票就太可惜了。」其他人也都是因為看到了電視節目或雜誌的專題報導，才開始投資或交易股票的。

但這裡有個陷阱存在。以開始股票投資或交易的時點來說，當下絕非好時機。對新手來說，反倒是難操作的時機。

當許多媒體製作專題時，股價已經比合適的投資時機，又上漲許多了。要是股價又繼續大漲，那麼看了專題報導才開始投資的人，是

可以賺得到錢的。

只是，股價基本上都不會再漲多少。就算漲了，再來也會急跌的。就算暫時出現潛在獲利（尚未了結的獲利），到頭來還是會虧錢。

● 當媒體開始吹捧就是快接近股價天花板了

電視節目或雜誌一旦製作專題報導，平常不做股票投資或交易的人，也會開始買股。或者，至今沒有投資或交易過股票的人，也會開始買股。

由於股價取決於「需求與供給」、「買賣間的均衡」，因此加入市場的人一多，股價就漲。在媒體的影響下加入的人一旦急增，就會加速股價的上漲。變成急漲。

但因為股票已來到頗高的價位，風險也變高了。

接著，一旦因為某種原因的刺激，股價開始下跌，由於多數人打算變賣股票出場，便會造成急跌，甚至是暴跌。

過去的任何行情都一樣，網路泡沫、股價高漲時也是這樣，活力門事件前（當沖成為風潮的時期）的股價高漲也是一樣。

當時許多媒體都製作了股票投資或交易的專題報導。

於是，吸引了許多投入股市的人，使得股價變得更高，可以說是

熱鬧非凡。

但是在某種因素的刺激下，股價急跌、暴跌。

在媒體製作專題前就已經買進股票的人，就算在急跌後賣股，絕大多數都不會有太大的損失吧。視跌幅而定，有些人甚至在急跌後賣股都還有賺頭。

但那些在媒體製作專題後才買股的人，若在急跌後要賣股，就會出現龐大虧損吧。所以：

1. 媒體一開始大報特報「股價大漲」，風險就變高了
2. 平常不太投資或交易股票的人一開始買股，風險就變高了
3. 至今沒投資或交易過股票的人一開始買股，風險就變高了

對於市場，最好要有這樣的認識。

• 原油與黃金也一樣，媒體開始吹捧時，位於天花板附近的可能性就變大

媒體一開始大報特報，風險就變高了。在股票以外的地方，可以說也是一樣。例如，「原油」與「黃金」也都是如此。

2008 年左右，媒體曾大幅報導原油的事。原油每桶破 140 美元，已經影響到了生活，所以電視節目也常會看到「原油價格上漲」的專

題報導。

某個節目還採訪了個人經營的乾洗店，對方講了一些因為原油價格上漲，燃料費高漲，導致賺不到錢之類的話。

當時似乎也有許多的專題報導，談到了像是「原油如果再這樣漲下去，會愈來愈影響到家計」這樣的內容。

但 2008 年 7 月，原油價格創下每桶平均 147‧27 美元的高點後就下跌，不，該說是急跌、暴跌。約五個月後，同年 12 月時，每桶平均跌破 40 美元。

當媒體大報「原油價格上漲」時，它的價位其實就已經在天花板附近了。不光原油，黃金也一樣，我指的就是貴金屬的黃金。

2011 年左右，媒體曾大肆報導黃金價格高漲。在電視節目的專題報導中，也經常報導黃金價格高漲的消息。尤其是在晚上六點時段的新聞節目，更是頻繁提及此事。

媒體貼身採訪當鋪或貴金屬收購店，還拍出客人詢問黃金的收購價格後，因而吃驚或而開心的場面。我印象最深刻的是，介紹黃金自動販賣機的專題報導。某家公司推出了金幣自動販賣機。雖說是自動販賣機，但並不代表就能便宜買到。反倒是賣得頗貴的。

每當我頻繁看到這樣的專題報導，就會想到「黃金行情差不多到天花板了吧」。

果不其然，2013年2月時，黃金每公克創下5242日圓的高點後下跌，雖然後來有反彈，但在同年4月創下5255日圓新高後，就急急跌破了4000日圓價位。當年4月的這個高點成了近年來最高點。

不光是股票，原油與黃金也都一樣如此，當媒體開始大報特報原油或黃金時，很可能價位已經在天花板附近了。

• 藉由媒體報導找出天花板，在下跌前賣掉黃金抽身

稍微岔開話題，來講一下我在金價下跌前賣掉它時的事。

我個人有個興趣是「收集金幣」。一開始是對公元前的金幣（全球最早的金幣據說是在公元前七至六世紀左右鑄造的）有興趣，後來也開始收集「楓葉金幣」「維也納愛樂金幣」等等。

每當我在當沖中賺到大錢的那天，股市結束後，我會到靠我家最近的車站附近的「紫珠美珠寶」去買金幣（但因為某些原因，現在沒買了。後面會提）。紫珠美珠寶是紫珠美公司的直營店，該公司（總公司位於埼玉縣蕨市）是一家零售與批發珠寶品與貴金屬的企業，在東京證交所一部上市。

我大步走進有一對打扮入時的情侶正在挑選珠寶的這間店裡，對

❤ 原油也一樣，當媒體開始大肆報導，就是天花板了

WTI 原油指數期貨價格，月線圖

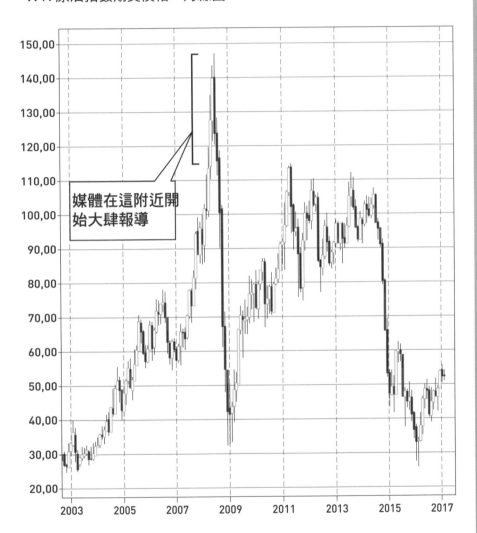

媒體在這附近開始大肆報導

著穿黑色套裝的女店員說：「不好意思，請給我一枚二分之一盎司的楓葉金幣。」我檢視過店員拿出來的金幣後，付過款項，就離開了店裡。那些女性店員們恐怕心想，「那個大叔，又來買金幣了」吧？

要說到我為何會在紫珠美珠寶購買，有兩個原因：

1. 離我家很近
2. 能夠以田中貴金屬的銷售價格買到

第一個原因是，我家附近能購買金幣的地方很有限。

另一個原因是，能夠以田中貴金屬的銷售價格買到。田中貴金屬是知名的黃金批發零售企業。紫珠美珠寶和田中貴金屬有業務合作，銷售的金幣和田中貴金屬價格一樣，也就是我可以不必特地跑到田中貴金屬去，也能用和田中貴金屬一樣的價格買到金幣。

基於這兩個原因，我才會在紫珠美珠寶購買。

好了，話題回到黃金行情去吧。

如前所述，收集金幣是我的興趣。當然，或多或少也兼有投資的用意在，但興趣還是占大部份，所以我原本無意出售，而是要等孩子長大成人時再送給他的。

然而，金價高漲，媒體大肆報導，所以我心想「黃金行情差不多到天花板了吧」。這使得我身為投資家暨操盤手的血蠢蠢欲動起來，

變得想要賣掉金幣賺價差。

在黃金行情慢慢上漲時，我跑到東京新宿的田中貴金屬去看狀況。說是看狀況，其實沒辦法從店外就看到店內。

我從警衛站著的入口處往地下走，一進門，眼前站著的女性店員，詢問我的來意。

我告訴她「我想把金幣賣給你們」，她回答我「請您稍等十分鐘左右」。

那時，店裡除了我之外只有三個客人。

看到這情形，我心想「還不到賣的時候，應該還會再漲一些」。因此，我變得不想賣金幣了。但因為店裡已經叫到我的號碼，無可奈何下，我決定賣掉一枚金幣。

又過了幾個星期，黃金價格又往上漲了，一如我的解讀。

等到媒體報導得更瘋狂時，我身為投資家暨操盤手的血液又蠢蠢欲動得更厲害，所以我決定多賣一些金幣。

我再次跑到新宿的田中貴金屬去，步下樓梯進入店裡，感受到的是亢奮的高漲氛圍。有 30 個左右的客人在裡面，女店員過來問我：「要等大概 40 分鐘左右，您要等嗎？」

由於我心想「從媒體那麼瘋狂報導，和田中貴金屬的來店顧客人

數來看，這時賣掉是沒有錯的了」，所以我決定就算要等，我也要賣。

結果，我在幾天內，把自己收集的金幣賣掉了一半以上。

有些賣掉的金幣，價位已經接近購買價格的兩倍。賣掉後，過了一陣子，黃金價格就跌了。

我心想，「我是賣對時機了」。

只要好好注意媒體報導，有時候就能解讀行情。

我聊金幣的話題聊得太久了，但再講一點就好。如前所述，我現在不買金幣了。原因是，國稅局著手在調查。細節我就不說了。

金幣的故事說得太長，這裡我就整理一下重點：

1. 當媒體頻繁製作專題報導時才買股，虧錢的機率很大
2. 當媒體頻繁製作專題報導時，股市行情已接近天花板
3. 當媒體頻繁製作專題報導時，股價的下跌風險就變高了

我在這一節要談論的是這幾點。

我再多講一點好了。

請各位謹記「當市面上出現多本以女藝人為封面的股票書時，就進入了高風險的行情」。

一旦媒體報導股價大漲，一直以來沒投資或交易過股票的人，也

會開始購買股票書。而為了吸引這些人的目光，就會出現以女藝人的照片為封面的股票書。

　　這樣的書，當媒體愈是報導股市大漲時，就出得愈多。一旦市面上出現好幾本這種書，股價已達天花板的機率就很高，請各位當心。

❤ 黃金價格也一樣，媒體大肆報導時就到天花板了

東京黃金期貨 月線（價位連接線）

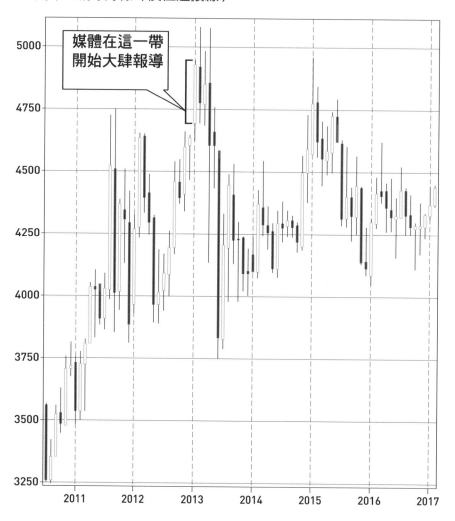

7

把「風險」與「報酬」放在天平上衡量

我在思考時，經常在腦中想像有一座「天平」。

天平的一頭放著「風險」，另一頭放著「報酬（利潤）」。

而天平在「報酬」的這一邊比較重。不是「相較之下比較重一點」，而是確確實實地、「報酬」這一端比較重。

我就是選在這種狀況下買股，如果放空的話就是賣股的。

只有在判斷目前屬於「和風險比起來，報酬很高」的狀況下，才交易。

各位讀者也一樣，在投資或交易股票時，請在腦中想像著有一座天平。天平可以是任何形狀都沒關係，然後請在天平的一端放上「風險」，另一端放上「報酬」。各位恐怕做不到吧？

原因在於，你不知道要放什麼「風險」和「報酬」上去。你放個不清楚重量的東西上去，就無法測量或比較。

這需要訓練，才能學會怎麼做到。在那個狀況下，「風險有多大？」

「報酬有多高？」要訓練自己能夠徹底明辨它們。再講具體一點的話，就是要學會看清「買進股票後，有可能跌多少日圓？」「買進股票後，有可能漲多少日圓？」

「這次的風險約五圓左右，報酬似乎有十圓以上」

在訓練自己能夠做到這樣後，就能學會看清「風險」與「報酬」，也就能衡量天平的兩端「哪一邊比較重」了。

一旦能夠學會確實做到這一點，應該在股票交易上的虧損就會減少，變成能夠累積獲利了。

國家圖書館出版品預行編目 (CIP) 資料

膽小投資人必看，7天學會常勝交易 / 二
階堂重人作 . -- 初版 . -- 臺北市：今周刊，
2018.10
　　面；17X23 公分
　ISBN 978-986-96499-8-8 (平裝)

1. 投資　2. 理財

563.5　　　　　　　　　　　　107013974

投資贏家系列　IN10027

膽小投資人必看，7天學會常勝交易
小心者こそ儲かる7日間株トレード入門

作　　者　二階堂重人
主　　編　洪春峰
譯　　者　江裕真、葉韋利
校　　對　張玉芬
封面設計　萬勝安
行銷副理　胡弘一
行銷專員　李依芳
內文排版　簡單瑛設

發 行 人　謝金河
社　　長　梁永煌
副總經理　陳智煜

出 版 者　今周刊出版社股份有限公司
地　　址　台北市南京東路一段96號8樓
電　　話　886-2-2581-6196
傳　　真　886-2-2531-6438
讀者專線　886-2-2581-6196轉1

總 經 銷　大和書報股份有限公司
製版印刷　緯峰印刷股份有限公司

初版一刷　2018年11月
定　　價　320元

SHOUSHINMONO KOSO MOUKARU 7NICHIKAN KABUTRADE NYUMON
By Shigeto Nikaido
Copyright© Shigeto Nikaido 2017
All rights reserved.
Original Japanese edition published by Business-sha co.,Ltd.

Traditional Chinese translation copyright ©2018 by BUSINESS TODAY
PUBLISHER
This Traditional Chinese edition published by arrangement with
Business-sha co.,Ltd.through HonnoKizuna, Inc., Tokyo,
and Keio CULTURAL ENTERPRISE CO., LTD.